CRISTIADA
[FOR GREATER GLORY]

LA GUERRA CRISTERA
Y LA LUCHA DE MÉXICO
POR LA LIBERTAD RELIGIOSA

CRISTIADA
[FOR GREATER GLORY]

LA GUERRA CRISTERA
Y LA LUCHA DE MÉXICO
POR LA LIBERTAD RELIGIOSA

RUBÉN QUEZADA

Publicado por

Saint Joseph Communications, Inc.
En colaboración con
Ignatius Press

Copyright © 2012 por Saint Joseph Communications, Inc
Publicado en 2012.

14 13 12 11 10 2 3 4 5 6 7 8 9

Saint Joseph Communications, Inc.
P.O. Box 720
West Covina, CA 91793

ISBN 978-1-57058-955-3

Fotos de *Cristida* (*For Greater Glory*) cortesía de ARC Entertainment
Crédito de la foto: Hana Matsumoto
Fotos históricas cortesía de: Museo Cristero
Diseño de portada: John Herreid
Foto de Portada: Hana Matsumoto

DEDICATORIA

_____

Al Padre Raymundo T. Brannon, S.J. (Q.E.P.D.), quien me enseñó por primera vez quién era el Beato Miguel Agustín Pro y quienes eran nuestros mártires mexicanos.

Y especialmente a Nuestra Señora de Guadalupe, en agradecimiento por su protección e intercesión por todos aquellos que defendieron la libertad religiosa durante este conflicto.

A.M.D.G.

AGRADECIMIENTOS

El autor quisiera agradecer a las siguientes personas por hacer de este proyecto una realidad:

Al Arzobispo de Los Ángeles José H. Gómez, al Gran Caballero de Colón, Carl Anderson y al actor católico Eduardo Verástegui por su generosidad y apoyo en este proyecto.

A Tony Ryan y Mark Brumley de *Ignatius Press*, por ofrecerme este proyecto tan especial y por su excelente liderazgo.

A Lisa Wheeler y a todo el equipo de *The Maximus Group* por su visión y entrega para hacer del libro una realidad en tan corto tiempo.

A Terry Barber, Presidente de *St. Joseph Communications* por permitirme tomar el tiempo necesario de mis otros compromisos para enfocarme en este libro.

A Matthew Arnold, Editor y Supervisor de este proyecto, por su apoyo incansable, su visión y su valioso tiempo para la existencia de esta obra.

INDICE

.

PRÓLOGO

Parece que están en el olvido las persecuciones que ocurrieron contra los Católicos en México, durante las décadas de 1920 y 1930. Es difícil de creer esta realidad. Hace apenas una generación, no muy lejos de nuestras fronteras, miles de hombres, mujeres y hasta niños fueron encarcelados, exiliados, torturados y asesinados. Todo por el "delito" de creer en Jesucristo y el deseo de vivir su fe en Él.

Así que doy la bienvenida a la nueva película, Cristiada [*For Greater Glory*]. Narra la dramática historia de esta guerra desconocida contra la religión y la resistencia heroica de nuestra Iglesia. Es una película fuerte, con un mensaje oportuno. Esto nos recuerda que nuestras libertades religiosas se obtienen por la sangre y que nunca podemos pensar que ya las tenemos ganadas.

Ese tipo de represión que podría suceder en un país tan profundamente católico como México debe hacer que todos nos detengamos a pensar. México fue la cuna original del cristianismo en el Nuevo Mundo. Fue la base misionera desde donde se evangelizó la mayor parte de América del Norte, Sudamérica y partes de Asia.

Sin embargo, después de la Revolución de 1917, el nuevo régimen ateo-socialista se comprometió a liberar a las personas de todo el "fanatismo y los prejuicios".

Las iglesias, los seminarios y conventos fueron confiscados, profanados y muchos fueron destruidos. Las manifestaciones públicas de piedad y devoción fueron prohibidas. Las escuelas católicas y los periódicos fueron clausurados; fueron prohibidos los partidos políticos y sindicatos católicos. Los sacerdotes fueron torturados y asesinados; a muchos de ellos les dispararon mientras celebraban Misa.

El dictador, Plutarco Elías Calles, se jactaba sobre el número de sacerdotes que había ejecutado. Su odio a la religión organizada era profundo. Él realmente creía que su reinado de terror podría exterminar a la Iglesia y borraría la memoria de Cristo de México en una sola generación.

Estaba equivocado. En la maquinación de su persecución, se hicieron santos.

Se convirtió en un momento de solidaridad Católica internacional. Católicos de Estados Unidos abrieron sus puertas a los refugiados que huyeron de la violencia. Mi predecesor, el Obispo John J. Cantwell, dio la bienvenida a muchos, aquí en Los Ángeles - incluyendo a la Venerable María Luisa Josefa de la Peña y la Beata María Inés Teresa Arias.

Católicos ordinarios se convirtieron en *Cristeros*, defensores valientes de Jesucristo. Muchos se sintieron obligados a tomar las armas para defender sus derechos en lo que se conoció como la Guerra Cristera. Otros optaron por medios no violentos para dar testimonio de Cristo.

"Yo muero, pero Dios no muere", dijo el Beato Anacleto González Flores antes de su ejecución. Sus palabras fueron proféticas.

Los mártires no se definen por su muerte sino por lo que optan por vivir. Y la sangre de los Cristeros se convirtió en la semilla de la Iglesia para las futuras generaciones en México.

Espero que Cristiada [*For Greater Glory*], y este libro pequeño que le acompaña, atraiga a más gente a conocer las historias de los mártires Cristeros.

Tenemos que saber acerca de la magnífica joven catequista, la Venerable María de la Luz Camacho. Cuando el ejército llegó para incendiar su iglesia, ella se puso de pie delante de la puerta y les cerró el paso. Ellos la mataron a tiros. Pero la iglesia se salvó de alguna manera.

Tenemos que saber acerca de todos los sacerdotes heroicos que arriesgaron sus vidas para celebrar la misa y oír confesiones. Al crecer, teníamos tarjetas de oración de una fotografía arrugada de uno de estos sacerdotes, el Beato Miguel Pro. Él está de pie delante de un pelotón de fusilamiento sin una venda en los ojos, sus brazos abiertos, como Jesús en la cruz cuando grita sus últimas palabras: "*¡Viva Cristo Rey!* (¡Long live Christ the King!")

Tenemos que aprender de los ejemplos de todos los Cristeros que han sido canonizados y beatificados por la Iglesia. Y hoy, sobre todo, tenemos que orar por su intercesión.

Como siempre lo ha sido, hoy en día nuestra religión Católica es objeto de ataques en todo el mundo. En México y Estados Unidos no nos enfrentamos al sufrimiento y la muerte por la práctica de nuestra fe. Pero sí confrontamos "formas suaves" de acoso laicista. Y nuestras sociedades son cada vez más agresivamente secularizadas.

Ya, por desgracia, hemos aceptado las "reglas" y las restricciones de nuestra sociedad secular. Mantenemos nuestra fe para nosotros mismos. Somos cautos al "imponer" nuestras creencias a los demás - especialmente cuando se trata de política. En los últimos meses, nuestro gobierno ha comenzado a exigir aún más - tratando de coaccionar nuestras conciencias, de modo que negamos nuestros valores e identidad religiosa.

Tenemos que pedir la fuerza para ser Cristeros. Por su muerte, ellos nos muestran para qué deberíamos vivir. Tenemos que lograr que nuestra oración, al igual que los Cristeros, podamos estar siempre listo para amar y sacrificarnos para defender a Jesús y su Iglesia.

Y que la Virgen de Guadalupe - Madre de México y de las Américas-, la estrella resplandeciente de la Nueva Evangelización ruegue por nosotros.

Monseñor José H. Gómez
Arzobispo de Los Ángeles
Memorial de San Cristóbal Magallanes, Presbítero y
Compañeros, Mártires
21 de mayo 2012

PREFACIO

La primera vez que escuché el término "persecución religiosa" fue en 1978 cuando yo era un lavaplatos de 12 años de edad que trabajaba en *Manresa Jesuit Retreat House* (Casa de retiros Jesuita Manresa) en Azusa, California. El director, Padre Raymond Brannon, S.J., fue el primero en darme a conocer esta expresión. Aunque ya era un anciano, en su residencia privada se sentaba tras el gran escritorio donde aun realizaba su propio trabajo administrativo. A menudo ahí tomaba sus alimentos, y yo venía a recoger su plato.

Un día, mientras conversábamos, me fijé en una pequeña tarjeta de oración pegada a la pared detrás de él. Era un poco vieja y se había vuelto amarilla por el humo de sus -siempre presentes- cigarrillos. "¿Quién es él?" Pregunté apuntando hacia la tarjeta. El Padre se dio la vuelta y, después de buscar en su pared llena de notas, se dio cuenta a quién me estaba refiriendo. Me dijo, "¡El Padre Pro! Él es mexicano como tú. ¿No sabes de él?." Me encogí de hombres y negué con la cabeza. El Padre continuó, "Él fue asesinado en México por ser sacerdote". Entonces, para mi sorpresa levantó los brazos e hizo el gesto como alguien disparando un rifle y exclamó, "¡Pum! Eso es lo que México estaba haciendo con sus sacerdotes. Y uno de ellos era de los nuestros, un Jesuita."

"De ninguna manera", pensé. "Eso es imposible".

Él tomó la tarjeta de la pared, extendió su mano y la puso en la mía diciendo, "Ten, puedes quedarte con ella. Aprende sobre él y sobre la persecución emprendida en México contra los católicos y contra nosotros los sacerdotes". Tomé la tarjeta, le di vuelta y leí: Beato Miguel Agustín Pro, S.J., martirizado por la fe el 23 de Noviembre de 1927. Ciudad de México.

Cuando salía de la habitación, me di vuelta para ver al Padre Brannon por última vez, esperando que dijera que era una broma que me estaba haciendo. Pero cuando vi su mirada, antes que la puerta se cerrara, hizo el mismo gesto de un soldado disparando su arma. ¡Era cierto!

Comencé a buscar, pero no encontré nada en la biblioteca local. Sin embargo, estaba decidido a encontrar más información. Viajaba a menudo cruzando la frontera con México y preguntaba a mis amigos de infancia si podía ver sus libros de historia. Se quedaban perplejos por la solicitud que les hacía. Les decía que sólo quería recordar los años de mi infancia en la escuela. Aunque buscaba a fondo en cada libro que me ofrecían, no encontraba nada.

A veces pensaba dentro de mí, "probablemente el Padre Brannon solamente estaba bromeando. El sólo quería que me volviera loco 'buscando un gato negro en un cuarto oscuro'. De seguro que se está riendo de mí". Pero después la razón siempre me traía de vuelta a la misma conclusión: ¿Por qué alguien imprimiría una tarjeta de oración con la historia de un Padre que fue ejecutado sólo para hacer una broma?

Finalmente, uno de los sacerdotes Jesuitas de Manresa me enseñó un libro titulado *No Strangers to Violence, No Strangers to Love* (No Somos Ajenos a la Violencia, No Somos Ajenos al Amor). En él se contaba la historia del Beato Miguel Pro e incluía las primeras imágenes fotográficas de su ejecución y que jamás había visto. Tenía que ser verdad.

A principios de 1990 la internet comenzó a ofrecer mayores posibilidades de búsqueda y las cosas comenzaron a salir a flote sobre este misterioso sacerdote. Finalmente encontré un libro sobre la historia de su vida, escrito por la fallecida autora Ann Ball llamado *Blessed Miguel Pro* (Bendito Miguel Pro). No necesito decir que estaba increíblemente emocionado. Cuando al fin me llegó, me senté y lo leí en una sola sesión. Me tomó menos de una hora para devorar literalmente el libro entero. No podía creerlo – mucho menos comprender – esta "persecución religiosa". Más tarde, esa noche volví a leerlo. Muchas preguntas comenzaron a surgir y yo quería encontrar las respuestas. ¿Por qué este sacerdote tan pacífico, alegre y divertido fue ejecutado? ¿Qué no es México un país Católico? ¿Qué hizo él para merecer ser ejecutado? ¿Por qué nadie lo defendió?

Y así comenzó un viaje que me llevó física y emocionalmente a varias partes del mundo; buscando libros, testimonios, trozos de historia, pero lo más importante, la verdadera historia detrás de la inoportuna muerte de este inocente hombre de Dios. Cuando finalmente fui capaz de averiguar la verdad, me sorprendió como nunca lo hubiera imaginado.

En verdad, es inconcebible pensar que hace menos de un siglo la Iglesia Católica en México experimentó una de las persecuciones más feroces que América Latina haya visto. Esta persecución religiosa ocurrió durante la presidencia de Plutarco Elías Calles (1924-1930). El esfuerzo de su gobierno para erradicar el Catolicismo en México mandó a miles de fieles al campo de batalla por el bien de la libertad religiosa. A los siguientes tres años de guerra se les conoce como La Cristiada. Al grito de "Viva Cristo Rey" muchos de nuestros sacerdotes y hombres laicos fueron honrados con la corona del martirio. Era una época en la cual los fieles se convirtieron en forajidos y los sacerdotes eran ejecutados por celebrar los Sacramentos de nuestra fe Católica. Una libertad fundamental que poseemos, pero que raramente apreciamos.

Aunque veinticinco de aquellos muertos han sido canonizados en los últimos años, y otros quince han sido beatificados, existen todavía muchos más en el camino a la Santidad. Por supuesto, nunca sabremos todas las verdaderas historias de miles de hombres y mujeres valientes quienes hicieron el sacrificio supremo para asegurar la libertad religiosa para las generaciones venideras. La mayoría de los sobrevivientes de esta persecución han fallecido, sus historias están en peligro de ser solamente un recuerdo vago.

Cuando viajo por el país dando conferencias sobre este tema, mucha gente reacciona conmocionada o incrédula, o simplemente no pueden entender cómo un país como México pudo permitir que esto pasara. ¿Por qué tanta gente, especialmente aquellos de origen mexicano son totalmente ajenos a esta parte de la historia? La razón es que el gobierno mexicano hizo el mayor esfuerzo posible para borrar esta historia – esta vergüenza – de sus libros de historia y de la mente de su gente. Y ha hecho un muy buen trabajo.

Las preguntas típicas que surgen durante mis conferencias son: ¿Cómo pudo pasar esto en un país católico? ¿Por qué el gobierno mexicano hizo una cosa así? ¿Qué hacían los católicos durante este tiempo? ¿Qué le pasó a los sacerdotes? ¿Ayudó Estados Unidos de alguna manera? ¿Qué hizo el Vaticano para auxiliar a estos católicos que eran perseguidos? ¿Cuánto tiempo duró la persecución? Estas interrogantes y muchas más necesitan ser contestadas para que los católicos y no-católicos entiendan la importancia de esta etapa crucial de nuestra historia.

Luis Rivero del Val fue un joven Cristero combatiente. En su libro/diario, *Entre Las Patas de Los Caballos* escribe: "Días vendrán en que pueda cantarse, por hombres capaces, la epopeya con los nombres de sus héroes. Para entonces las cadenas estarán rotas y México sabrá agradecerlo."

Después de que se firmó la tregua entre el gobierno y la Iglesia Católica, se les prometió clemencia a Luis y a los otros Cristeros, pero luego fueron perseguidos y ases inados.

Todo católico en el mundo, independientemente de su nacionalidad debe aprender acerca de la persecución que la Iglesia ha resistido a lo largo de su historia. Tenemos que tomar el coraje de los ejemplos de su sacrificio para mantenernos firmes y pelear por nuestra libertad religiosa. La verdadera libertad es un derecho que Dios nos da y que nos permite hacer lo que uno debe hacer. Ninguna agencia meramente humana tiene derecho a quitárnosla.

Este es el tema de la gran película *Cristiada*. Tuve el honor de ser invitado a escribir este pequeño libro para contestar algunas de las muchas preguntas que la película inspira. Y para proporcionar diversos detalles históricos que no se incluyeron en la película.

Cierro esta breve introducción con la que puede ser la pregunta más importante de todas. En las más de ciento cincuenta conferencias que he dado sobre este tema, casi sin excepción, alguien pregunta: ¿Podría suceder de nuevo esta persecución?

Mi respuesta: Puedes apostar tu vida a que sí.

Ahora es el tiempo de defender nuestra libertad religiosa. ¡Viva Cristo Rey!

Rubén Quezada
Covina, California
2012

Foto: Eva Muntean/ Autor

Director Dean Wright (izquierda) y el autor

INTRODUCCIÓN

Haber participado en *Cristiada* fue una experiencia extraordinaria para mí, tanto como actor y como Católico. Fue una bendición unirme a un elenco internacional de primer nivel para esta película tan especial. Fue realmente una experiencia de aprendizaje y una gran bendición para mí, en más formas de las que puedo explicar.

A medida que aprendía sobre el Beato Anacleto González Flores, el personaje al cual personificaría en la película, sabía que tendría que intentar representar en la pantalla todo lo que él defendía en vida. Como resultado, acabé recibiendo mucho más de la historia de su vida de lo que yo jamás podría haber dado en la película.

Anacleto fue un hombre completamente entregado a la voluntad de Dios y dedicado a servir a Su Iglesia. Él era un maestro, abogado y un gran líder entre sus compañeros. Llegó a ser conocido como el "Ghandi Mexicano" porque siempre combatió la violencia y la persecución con medios pacíficos.

Pero lo que realmente elevó mi gratitud hacia este Beato mártir, y que me ayudó especialmente a crecer personalmente, fue el ejemplo que dio cuando fue ejecutado. Él estaba dispuesto a sacrificarse por algo más grande que él mismo, y no tenía miedo de ofrendar su vida. Eso me dijo más que un millón de palabras, pero puedo describirlo a él en una sola palabra - ¡integridad! Su pasión, dedicación y entrega para servir a Dios con honor y respeto son cualidades que todos los hombres y mujeres católicas deberían mostrar.

También me gustaría agradecer a mi buen amigo y hermano en Cristo Rubén Quezada por su amable asistencia para ayudarme a aprender tanto sobre Anacleto, por su apoyo continuo a grandes causas como escribir este libro, y por su amor perpetuo hacia la historia de La Cristiada, el cual ha compartido con mucha gente por muchos años.

Estoy muy emocionado de ver que un libro de este tipo esté disponible para que todos puedan tener un conocimiento más profundo de la historia auténtica detrás de la terrible persecución representada en *Cristiada*. Pido sinceramente que este tipo de persecución nunca se repita. También estoy muy emocionado de añadir estas palabras a las contribuidas a este libro por los distinguidos líderes católicos Arzobispo José H. Gómez de la Arquidiócesis de Los Ángeles y Carl Anderson, Caballero Supremo de los Caballeros de Colón.

Por último, pido por todos los católicos de hoy, y por las generaciones venideras, que después de ver la película y leer el libro, adopten la misma valentía y dedicación al principio de libertad religiosa que nuestros ancestros mostraron en medio de dificultades y adversidades indescriptibles. Que los sacrificios de nuestros mártires de generaciones pasadas sean realmente apreciados ahora, más que nunca.

Eduardo Verástegui
Hollywood, California
2012

PREGUNTAS Y RESPUESTAS

UNO — ORIGENES DE LA CRISTIADA

¿Quiénes fueron los Cristeros?

Los Cristeros fueron hombres (tanto católicos como no católicos) que se unieron para pelear por la libertad religiosa durante la persecución de la Iglesia Católica por el gobierno mexicano en la década de 1920.

¿Por qué los llamaban Cristeros?

Su grito de guerra era "¡Viva Cristo Rey!" En el frente de batalla, las fuerzas del gobierno o "Federales" escucharon su grito de guerra y comenzaron a referirse a ellos como los "Cristos Reyes". Las palabras se combinaron para formar el nombre Cristeros. Los Federales usaron este término como una manera de burlarse o ridiculizar a los insurgentes católicos por sus creencias religiosas; pero para los Cristeros se convirtió en una insignia de honor.

¿De dónde salió el grito "¡Viva Cristo Rey!"?

¡Viva Cristo Rey! Era originalmente parte de una consigna más larga: "¡Que viva Cristo Rey y Que Viva Nuestra Señora de Guadalupe!"

Como se ve en la película el grito "¡Viva Cristo Rey!" era contestado con las palabras "¡Que Viva!". El régimen de Calles anunció que el grito "¡Viva Cristo Rey!" era más que una declaración de fe; un acto de traición a la patria.

¿Cómo eligieron los Cristeros este grito de batalla?

En primer lugar, la devoción a Nuestra Señora de Guadalupe está muy arraigada en el corazón de todos los católicos de México. Además, México había sido consagrado a Cristo Rey por el Papa Pío X, pocos años antes de la persecución; de allí el deseo de los Cristeros de ir a la batalla rindiéndole honor a Jesucristo Rey y a Su Santísima Madre bajo la advocación de Nuestra Señora de Guadalupe.

¿Qué fue la Cristiada?

La Cristiada fue el nombre que le dieron al levantamiento Cristero. El movimiento fue llamado Cristiada en honor de los Cristeros.

¿Cómo surgió y cómo fue organizada la Cristiada?

La Cristiada fue una respuesta al ataque directo que el Presidente Plutarco Elías Calles hizo contra la fe Católica. La aplicación estricta de las disposiciones anticlericales de la Constitución Mexicana de 1917 llegó a ser conocida como "La Ley Calles."

El movimiento Cristero fue organizado por la *Liga Nacional Defensora de la Libertad Religiosa* (LNDLR).

La LNDLR era un grupo de derechos religiosos civiles establecido en 1925.

Junto con la jerarquía católica, la Liga inicialmente abogó por la resistencia pacífica a la Ley Calles en la forma de boicotear los impuestos y los bienes no esenciales, y organizando peticiones para revocar las provisiones constitucionales ofensivas. Cuando el Vaticano fracasó en llegar a un acuerdo con Calles, la jerarquía mexicana ordenó a los sacerdotes que suspendieran los servicios religiosos, a partir del 31 de Julio de 1926, el día que entraría en vigor la Ley Calles.

Después de la suspensión clerical, levantamientos populares esporádicos comenzaron a tomar lugar especialmente en Jalisco y Colima. En 1927 la Liga reorganizó sus esfuerzos de resistencia bajo un líder militar, el General Enrique Gorostieta.

¿Cuándo se llevó a cabo la Cristiada?

La Cristiada, también conocida como la Guerra Cristera, se llevó a cabo de 1926 a 1929. Después de un período de resistencia pacífica, se hizo inevitable que los católicos tendrían que luchar o renunciar a su libertad religiosa.

La persecución comenzó el 1 de Agosto de 1926, cuando el gobierno mexicano obligó al cierre de todas las iglesias en todo el país conforme a la Ley Calles. La persecución de las fuerzas armadas de clérigos y laicos desencadenó resistencias armadas esporádicas. Sin embargo, el primer levantamiento coordinado no ocurrió sino hasta el 1 de Enero de 1927.

El conflicto continuó hasta el 23 de Junio de 1929, cuando se firmó una tregua por representantes de la Iglesia Católica y el gobierno mexicano, poniendo así el fin oficial a la Guerra Cristera. Los obispos mexicanos le ordenaron a la LNDRL cesar sus actividades militares y políticas y a los Cristeros deponer sus armas.

¿Qué fue lo que llevó al Gobierno mexicano a perseguir sin piedad a la Iglesia Católica?

Cuando el Presidente Plutarco Elías Calles llegó al poder concebía a México en camino hacia una utopía socialista. Insistía en que la Iglesia Católica estaba envenenando las mentes de las personas y que sus enseñanzas morales eran una amenaza para la mentalidad revolucionaria en la que él creía. Al igual que los fervientes ateos de hoy en día, él no quería que Dios fuera parte de la vida de nadie.

Los primeros dos presidentes después de la Revolución Mexicana (Venustiano Carranza y Álvaro Obregón) también abusaron de su poder para emprender ataques personales contra la Iglesia Católica. Hubo incidentes de persecución y abusos hacia clérigos y laicos católicos, similares a los que surgieron tan dramáticamente bajo Calles. De hecho existen mártires mexicanos de aquella persecución postrevolucionaria que precedió a la Guerra Cristera.

¿Solamente los católicos lucharon en la Cristiada?

No todos los que se unieron al movimiento Cristero eran católicos y no todos los católicos se unieron a la sublevación. Como sucede en todas las sociedades, algunos no toman su fe tan en serio como otros.

Mientras que la mayoría de los Cristeros peleaban por la libertad religiosa, algunos se unían simplemente por el amor a la lucha; mientras otros, rencorosos por haber sido expulsados o derrotados durante la Revolución Mexicana, peleaban contra el gobierno por venganza.

Miles de ciudadanos católicos apoyaron la Cristiada uniéndose al levantamiento. Muchos otros ayudaron recaudando fondos, distribuyendo panfletos, recolectando comida y utensilios para primeros auxilios, etc. Hubo un gran movimiento de ayuda entre los líderes locales, grupos católicos como los Caballeros de Colón, y ciudadanos comunes.

Muchas atrocidades fueron cometidas por los soldados del gobierno. Algunos de estos "Federales" compartían el anticatolicismo del gobierno o peleaban por intereses personales. Muchas atrocidades fueron cometidas por el gobierno; otros más fueron obligados a apoyar las políticas draconianas del gobierno aún en contra de sus propios principios y creencias.

Hay muchos relatos de "Federales" que se cambiaron de bando para unirse a los Cristeros durante las batallas.

En el crisol de la batalla, ellos sabían en su conciencia por cual bando tenían que pelear.

¿Por qué se levantaron los Cristeros contra el régimen de Calles?

Durante este tiempo, la fe del católico común era muy profunda en México. Los laicos católicos mexicanos tenían una verdadera pasión por su fe en aquel entonces y era una parte importante de su vida diaria. Consideraban una necesidad espiritual asistir a la Santa Misa y recibir los Sacramentos.

Antes que el anticlericalismo de la Ley Calles tomara efecto en 1926, miembros del clero, grupos católicos como los Caballeros de Colón, e incluso algunos políticos se arriesgaron a ser arrestados en un esfuerzo para persuadir al Congreso para que derogara este ataque a la libertad religiosa. Una y otra vez se les negó.

El Presidente Calles quería asegurarse que todos los ciudadanos fueran educados bajo las normas seculares del gobierno totalitario. Quería que el gobierno formara las mentes de los ciudadanos mexicanos sin oposición e insistía en que la Iglesia estaba "envenenando las mentes de la gente."

¿En qué consistía la "Ley Calles"?

En Junio de 1926, Plutarco Elías Calles firmó la "Ley para la Reforma del Código Penal," la cual llegó a ser conocida extraoficialmente como la "Ley Calles." La reforma de la Ley Calles al código penal en México exigía el cumplimiento estricto de las restricciones en contra de clérigos y de la Iglesia Católica previstas en la Constitución Mexicana de 1917. Estos son algunos ejemplos de los Artículos de la Constitución:

El Artículo 3 mandaba que la educación secular obligatoria fuera "libre de cualquier orientación religiosa" El Artículo 24 entendía "la libertad religiosa" como "libertad de culto" siempre y cuando "no constituya un delito". En otras palabras, había solamente la "libertad de culto" que el gobierno decidiera permitir. Además, estaba prohibido para las instituciones religiosas poseer terrenos más allá de sus templos e incluso éstos eran objeto de confiscación por el Estado.

El Artículo 130 obligaba a todas las iglesias y grupos religiosos a registrarse con el estado. Los sacerdotes y ministros de todas las religiones pasaron a ser ciudadanos de segunda clase y tenían prohibido votar, ocupar cargos públicos, apoyar cualquier partido político o sus candidatos, e incluso criticar a funcionarios públicos.

El Presidente Calles no sólo hizo cumplir estas leyes ya existentes con respecto a la "separación de la iglesia y el estado" en todo México, sino que también añadió su propia legislación. La nueva ley imponía penalidades específicas a los sacerdotes e individuos que violaran las disposiciones previstas en la Constitución. Los sacerdotes sufrirían multas severas por dichas "ofensas" como usar vestimenta clerical en público o pasarían cinco años en prisión por algo tan simple como criticar al gobierno.

La legislación también decretaba que los párrocos se debían registrar con el gobierno y que las iglesias fueran puestas bajo el control de "comités de vecinos". Obviamente, este no era un asunto de separación de estado e iglesia, sino más bien una completa subordinación de la iglesia al estado.

Para ayudar a hacer cumplir la ley, Calles se apoderó de propiedades de la iglesia, expulsó a todos los sacerdotes extranjeros, cerró los monasterios, conventos y escuelas religiosas. Sacerdotes y laicos quienes no cumplieran a menudo eran ejecutados.

¿Cuál fue el origen de la Constitución Mexicana de 1917?

La Constitución Mexicana de 1917 fue redactada por una convención constitucional en Santiago de Querétaro durante la Revolución Mexicana. Fue aprobada por el Congreso Constitucional el 5 de Febrero de 1917. Esta nueva Constitución es la sucesora de la Constitución de 1857, y de otras Constituciones Mexicanas anteriores.

Los Artículos 3, 5, 24, 27, y 130 fueron redactados con secciones para restringir la influencia de la Iglesia Católica. En Abril de 1917 los obispos mexicanos prepararon una carta de protesta que declaraba que la nueva Constitución "destruye los derechos más sagrados de la Iglesia Católica, de la sociedad mexicana, y de las personas Cristianas". Fue el esfuerzo del régimen de Calles para hace cumplir estrictamente estos artículos lo que llevó a la insurrección conocida como la Cristiada o la Guerra Cristera.

¿Quién fue Plutarco Elías Calles?

Plutarco Elías Calles fue un político y general mexicano. Fue Presidente de México desde 1924 hasta 1928, pero continuó controlando la dirección política mexicana de 1928 a 1935. Este período es conocido como el "maximato"; cuando Calles se proclamó a sí mismo "Máximo" o "Jefe Supremo".

Calles es más conocido por la fiera opresión en contra de los católicos, la cual llevó a la Guerra Cristera, y por fundar el Partido Nacional Revolucionario (PNR), el cual eventualmente se convirtió en el Partido Revolucionario Institucional (PRI) que gobernó a México por más de setenta años.

¿Cuál era el objetivo de Calles al atacar a la Iglesia?

Calles quería erradicar el Catolicismo y crear una nueva sociedad socialista sin Dios. Al hacer eso, ganaría un mayor control sobre la manera de pensar de la gente y de su manera de vivir.

A menudo leía libros y artículos de autores cuyos escritos se identificaban con una utopía socialista, y él deseaba lo mismo para México. Fue a través de esta visión que Calles decidió evitar que Estados Unidos y los gobiernos europeos fueran dueños de cualquier participación en el petróleo Mexicano. Quería a México en control completo de su gente y de su territorio.

Años después, sin ningún final a la vista de la guerra de Calles contra la Iglesia Católica, Estados Unidos aprovechó la oportunidad para convertirse en pacificador

– mientras que al mismo tiempo recobraba sus antiguos intereses lucrativos en el petróleo mexicano.

¿Cómo se relacionan los antecedentes personales de Calles con su persecución de la Iglesia?

Es importante saber que Plutarco Elías Calles creció en la privación y la pobreza. Fue el hijo ilegítimo de un padre alcohólico quien no le proporcionó los medios necesarios a su familia para sobrevivir y quien eventualmente los abandonó. La madre de Plutarco, María de Jesús Campuzano falleció cuando él tenía solamente dos años de edad. Así que fue criado por su tío Juan Bautista Calles de quien tomó su apellido. Siendo un ateo apasionado, Juan Bautista inculcó a su sobrino un odio ciego contra la Iglesia Católica.

Ya de adulto, Calles se convirtió en General de la Revolución Mexicana. Una vez que comenzó su actividad política, rápidamente ascendió puestos hasta llegar a gobernador del estado de Sonora, antes de poner sus ojos en una carrera presidencial. Cuando fue elegido presidente, en 1924, ya estaba listo para reformar a México de acuerdo a su propia idea inflexible: ateo/socialista a través de la aplicación estricta de las disposiciones anticlericales de la Constitución Mexicana de 1917.

¿Apoyó alguien más esta persecución contra los católicos?

Muchos políticos en todo el país apoyaron la persecución de la Iglesia, mientras que un buen número de ciudadanos también respaldaron la opresión, sobre todo debido a sus propias creencias ateas o simplemente por su sentimiento anticatólico.

¿Cómo fue recibida por la gente la Ley Calles?

Para el ciudadano común la Ley Calles era "mucho ruido y pocas nueces". Sin embargo los ciudadanos Cristianos, y especialmente los fieles católicos, no la recibieron para nada bien.

Cuando le quitan por la fuerza la libertad religiosa a los ciudadanos de cualquier país, es inevitable que oponga resistencia, incluso que haya derramamiento de sangre. Los Obispos de México fueron los primeros en responder, seguidos por la Santa Sede, e hicieron todo lo que estaba a su alcance, además de miles de ciudadanos quienes se unieron en protesta para que la ley se anulara.

DOS – LA RESPUESTA CATOLICA

Por qué suspendió la Iglesia los servicios religiosos?

Los sacerdotes católicos están obligados a celebrar diariamente la Santa Misa y celebrar los demás Sacramentos, de acuerdo con las normas de la Iglesia y las necesidades de las personas. Una vez que la Ley Calles entró en efecto, ese tipo de celebraciones públicas eran ilegales y fuertemente sancionadas. Al suspender los servicios religiosos, la jerarquía Católica liberó a los sacerdotes de sus obligaciones religiosas y les permitió cumplir con la ley.

En la película *Cristiada* vemos bodas Católicas, bautismos, etc. celebrados en masa en anticipación a la promulgación de la nueva ley. También vemos escenas donde los Federales interrumpen servicios privados; matan civiles y ejecutan a sacerdotes. Ese tipo de acciones fueron las que condujeron hacia la Cristiada.

¿Qué pasó con la Educación Religiosa durante la Cristiada?

Todas las clases públicas de catecismo fueron suspendidas durante la persecución por miedo a que los participantes fueran multados o encarcelados. Muchos católicos continuaron impartiendo clases pero siempre en la clandestinidad, observando el más estricto secreto, y con recursos muy limitados. Muchas de las escuelas católicas perdieron todos sus materiales de enseñanza cuando el gobierno se apoderó de todas las propiedades de la Iglesia.

Muchas licencias de matrimonio, certificados de bautismo y otros documentos fechados durante este tiempo son simplemente un pedazo de papel con los votos, el nombre de la ciudad, y del sacerdote que celebró el Sacramento (muchos de estos sacerdotes son ahora considerados mártires) – ¡verdaderas joyas de la Fe Católica!

¿Cuántos sacerdotes o religiosos fueron desalojados de México?

Para aplicar mejor la nueva ley el gobierno expulsó a todo los clérigos misioneros católicos y religiosos extranjeros de México. Muchos seminaristas también fueron exiliados. Había 4,500 sacerdotes mexicanos sirviendo a su pueblo antes de la persecución en 1926. En 1934 más del noventa por ciento de ellos sufrieron persecución.

Tan sólo 334 sacerdotes fueron autorizados por el gobierno para servir a quince millones de personas. Esto llevó a que estados enteros de México no celebraran una sola Santa Misa por semanas o meses. Más de 4,100 sacerdotes mexicanos fueron eliminados por la emigración, la expulsión o el asesinato. En 1935, diecisiete estados mexicanos se quedaron del todo sin sacerdotes.

Uno sólo puede imaginar el sentimiento de desesperación por parte de los fieles laicos católicos.

Testimonios de sobrevivientes del movimiento Cristero revelan que preferían quedarse sin comer que quedarse sin asistir a la Santa Misa. Era inevitable que a este ataque a su libertad religiosa no se le permitiría producirse pacíficamente.

¿Así que los católicos continuaron practicando su fe?

Sí, pero solamente bajo un gran riesgo. Durante las partes más violentas de la persecución, el gobierno continuó multiplicando las sanciones a los católicos que eran sorprendidos en cualquier celebración religiosa. Ser encontrado en una reunión católica, en una boda, en una misa privada, etc., significaba ser arrestado, gravemente multado, o incluso hasta ser ejecutado. El miedo desalentaría a miles de gente de practicar su Fe. La libertad bajo fianza que se fijaba a aquéllos que eran detenidos era tan elevada que podían perder todo lo que poseían para pagarla. Como castigo, otros fueron enviados a las Islas Marías, en el Océano Pacífico. Era un lugar que nadie querría visitar – ahí era, donde el gobierno mexicano encarcelaba a los peores criminales –.Católicos viejos y jóvenes fueron enviados allí para intimidar a los demás para que dejaran de practicar su Fe.

Lo peor de todo, cualquiera que fuera sorprendido celebrando algún servicio religioso podía ser ejecutado sumariamente. Muchos clérigos católicos fueron asesinados por un pelotón de fusilamiento.

¿Se organizaron boicots durante este tiempo? ¿Fueron un medio eficaz para la lucha?

Los boicots son una manera pacífica de resistencia contra el agresor. Como los católicos sabían que la Iglesia no apoyaría una revolución armada, muchos optaron por usar medidas pacíficas para resistir la injusticia mientras se mantenían en completa unión con la Iglesia. Muchos dueños de negocios que apoyaban al gobierno fueron el blanco de los boicots. La gente evitaba los medios de transporte y mantenían sus gastos al mínimo a fin de dar un golpe financiero a la economía. Muchas tiendas e instalaciones de entretenimiento como cines, tuvieron que cerrar debido a este boicot.

¿Había estado siempre bajo ataque la Iglesia Católica en México?

La persecución religiosa se ha impregnado en la historia de México desde la muerte del Padre Miguel Hidalgo, y después la del Padre José María Morelos, quienes participaron en la Guerra de Independencia de México (1810-1821).

Hubo una persecución religiosa en la década de 1870 similar a la Guerra de los Cristeros de 1920. Durante ese tiempo la resistencia Católica era llamada "Los Religioneros" (1873-1876). Hasta cierto punto, también hubo persecución durante la Revolución Mexicana (1910-1917), y más notoriamente durante la Guerra Cristera

(1926-1929). Además, la persecución llevó a un pequeño resurgimiento de la Cristiada durante los años 1930, pero no llegó a ser tan feroz ni tan extendida como su predecesora.

Incluso hasta el día de hoy la Iglesia en México ha trabajado bajo continua persecución. La Iglesia Católica ha sufrido extensamente en nuestra era moderna varias agresiones anti-Católicas que emplean cada vez formas más sofisticadas para lograr sus metas de suprimir la libertad religiosa.

¿Obedecieron las órdenes de Calles de cerrar todas las Iglesias los católicos mexicanos?

Cuándo comenzó la persecución en 1926, hubo ciudadanos en algunas regiones quienes no estaban dispuestos a seguir las órdenes de Calles de cerrar todas las iglesias. Cuando el ejército visitaba esos lugares para aplicar la nueva ley, los soldados destruían todas las imágenes religiosas y usaban las iglesias como establos, palenques, y para reuniones sociales profanas, diseñadas para ofender incluso, hasta al Católico más tranquilo.

No es de sorprenderse que los católicos defendieran a sus sacerdotes y a sus iglesias. Aunque estas confrontaciones esporádicas no eran planeadas o premeditadas, pronto se hizo evidente que la persecución militar estaba creando una "atmósfera" de valor y coraje. Los católicos pelearían por su libertad religiosa y por la convicción de que nadie tenía derecho a quitárselas.

¿Existía una Iglesia "Católica" activa en México durante este tiempo?

Una vez que la persecución comenzó en serio, ya quedaban muy pocos sacerdotes católicos en México. Durante este período el gobierno estableció la cismática "Iglesia Católica Apostólica Mexicana" para servir a la comunidad Católica como lo consideraba necesario. El gobierno usó a un sacerdote disidente retirado, el Padre José Joaquín Pérez, como líder de esta "iglesia" estatal.

La Iglesia Católica Apostólica Mexicana no tenía jurisdicción de Roma, se negaba a reconocer al Papa, se oponía al celibato sacerdotal (entre otras enseñanzas de la Iglesia) y cobraba a los fieles por los Sacramentos (El pecado de Simón). La "iglesia" de Calles cerró pronto sus puertas debido a la falta de interés de los fieles.

¿Quién coordinó el primer levantamiento?

La Liga Nacional Defensora de la Libertad Religiosa (establecida en 1925) fue la primera en responder, junto con residentes locales quienes estaban cansados de la represión. Se dieron cuenta que era inútil usar medios pacíficos para revocar la nueva ley.

Todos estaban desesperados por recuperar su libertad y regresar a los Sacramentos. Y las confrontaciones simplemente eran inevitables a los ojos de muchos católicos.

¿Cuándo ocurrió la primera revuelta?

Es difícil señalar con precisión la fecha exacta, ya que durante este tiempo la defensa contra la persecución del gobierno ocurría por todo México esporádicamente y en su mayoría los enfrentamientos no eran reportados. El primer levantamiento considerado oficial tomó lugar el 1 de Enero de 1927 bajo el mando del General Enrique Gorostieta.

La Liga Nacional Defensora de la Libertad Religiosa, después de meses de intentos fallidos para revocar la Ley Calles, reclutó un gran número de veteranos de guerra, quienes habían peleado durante la Revolución Mexicana en una región conocida como "Los Altos" en el estado de Jalisco, para coordinar el "primer" ataque sorpresa contra las fuerzas del gobierno.

Es importante señalar que desde un principio los Cristeros no tenían recursos militares adecuados. Solamente contaban con armas viejas, un suministro insuficiente de municiones y unos pocos caballos, además de oraciones y esperanza.

Cuando estaban planeando el ataque Cristero, era difícil prever una victoria. Además de un escepticismo general, tenían poca confianza en sus escasas fuerzas, ya que el gobierno contaba con un apoyo militar listo al instante. Sabían que el Presidente Calles no iba a titubear en desplegar su superioridad militar en contra de ellos.

Para la sorpresa de todos, ¡el ataque sorpresa del 1 de Enero de 1927 fue una victoria para los Cristeros! Aunque perdieron unos cuantos hombres durante esta confrontación, su éxito militar fue precisamente la chispa que necesitaban para avivar las llamas de la valentía en la defensa de la fe.

¿Qué sucedió después de la primera victoria Cristera?

Como escribió un Cristero en sus memorias:

> *"Fue increíble. Mandaron a unos soldados tan jovencitos que sentíamos que habíamos ido a cazar cadetes. No podían montar a caballo correctamente, no podían disparar derecho mientras cabalgaban, y algunos de los jóvenes cadetes hasta se caían del caballo durante los ataques. Era una verdadera lástima, pero o eran ellos o nosotros."*

Cuando cayó el último soldado del gobierno después del primer ataque, los Cristeros habían conseguido armas, municiones y caballos para su pequeño ejército así como también una confianza nueva. Más gente se unió a su causa y los Cristeros se fortalecieron. Con este crecimiento, fueron capaces de planear la defensa de los pueblos vecinos de Los Altos. Este evento es considerado el verdadero comienzo del movimiento Cristero.

¿Creció la insurrección?

Aunque el primer levantamiento no fue considerado como una amenaza seria para el gobierno, corrió como pólvora y envolvió a casi todo el país en esos tres años de lucha. El gobierno no vio la amenaza real cuando ocurrió el primer levantamiento, el cual llevó a esta batalla monumental por todo México.

Uno de los generales que vivió directamente el ataque y la derrota de las fuerzas del gobierno visitó al Presidente Calles y le contó personalmente lo que había ocurrido. El declaró que, si Calles le daba autoridad para tomar las acciones militares que él consideraba necesarias, no tendría ningún problema para aplastar a los insurgentes en tres semanas.

El Presidente Calles le respondió: "¡Usa cualquier medio que pienses conveniente para erradicar estos fanáticos religiosos, mientras no tome tres años!" Irónicamente, así sucedió: tres años antes de que terminara el conflicto.

¿Hubo alguien en México que alzara la voz y viniera en ayuda de la Iglesia?

Además de los miles peleando en el campo de batalla por la libertad religiosa, había miles de otros en las ciudades locales quienes ayudaban como voluntarios, donaban dinero, comida o ropa para aligerar el sufrimiento, y luchaban para abolir la Ley Calles.

Muchos ciudadanos perdieron todo lo que poseían al mostrar su apoyo a la causa Cristera. Cualquiera que encontraran ayudando a los Cristeros era arrestado indudablemente.

Después que la persecución se intensificó, países vecinos llamaron al gobierno mexicano a rescindir la ley o a poner fin a la persecución de la libertad religiosa. Luego que las primeras imágenes de la persecución salieron a la luz, se ejerció presión política.

¿Cuál es el origen de las fotos existentes de las ejecuciones de los Cristeros?

El Presidente Calles quería asegurarse que todos los católicos vieran el horror de las brutales ejecuciones para intimidarlos y disuadirlos de seguir practicando su fe. Después que las primeras imágenes fueron publicadas, la reacción de la gente fue de conmoción, incredulidad y cólera. La exposición de las medidas terribles de la persecución sólo enfureció aún más a la gente e hizo que más mexicanos apoyaran la rebelión. Claramente, Calles había cometido un gran error.

¿Quién financió el movimiento Cristero?

El movimiento fue financiado por católicos locales y por gente común para obtener dinero, armas y municiones, primeros auxilios, comida, caballos, etc. Miles de católicos donaron cualquier cosa o todo lo que poseían para apoyar a la causa.

¿Quién coordinaba esta recaudación de fondos?

Hubo muchos grupos involucrados con el fin de ayudar al movimiento Cristero; sin embargo uno de los mayores contribuidores a la causa fueron Las Brigadas Femeninas de San Juana de Arco.

¿Quiénes fueron Las Brigadas Femeninas de San Juana de Arco?

Las brigadas fueron fundadas el 21 de Junio de 1927 en Zapopan, Jalisco por un pequeño grupo de mujeres jóvenes quienes simpatizaban con el movimiento Cristero. A pesar de que en la primera reunión hubo menos de veinte mujeres presentes, eventualmente llegaron a ser más de 25,000 miembros en tres años.

Sus "escuadrones" jugaron muchos papeles importantes que fueron cruciales para que la causa sobreviviera. Estaban organizadas en células de comunicación, recaudación de fondos, y enfermeras. Algunas de ellas acarreaban municiones escondidas bajo su ropa, ocultaban armas para los Cristeros, brindaban asistencia de primeros auxilios para soldados heridos. Algunas perdieron la vida al explotar granadas durante las operaciones de contrabando.

Muchas más fueron arrestadas, violadas por sus captores y ejecutadas por llevar mensajes secretos dirigidos a ayudar a las unidades Cristeras. En un incidente, un general de las fuerzas del gobierno mandó ahorcar a cinco de estas valientes mujeres jóvenes simplemente por imprimir propaganda antigubernamental. Eran consideradas traidoras por su propio gobierno, pero mártires para la causa Cristera.

Parte vital en este importante y poderoso movimiento para ayudar a la Iglesia era un voto de silencio por parte de las jóvenes mujeres. Cualesquiera que fuera arrestada por las autoridades locales no daría ningún detalle ni renunciaría a dar a conocer cualquier información respecto para quien trabajaban. Este movimiento fue una verdad oculta en medio de la persecución que se conoció hasta marzo de 1929, fecha en que se iniciaron las redadas para detenerlas en Guadalajara y la ciudad de México, pero no lograron debilitarlas y continuaron hasta terminar el movimiento. Como dice en la película *Cristiada* el Padre José Reyes Vega (interpretado por Santiago Cabrera), "Sin estas mujeres, estaríamos perdidos".

¿Quién fundó este grupo de jóvenes mujeres?

Su fundadora fue la Sra. Uribe (también conocida con el seudónimo de Sra. G. Richaud). Ella sostuvo la primera reunión a fin de proponer una organización que se encargaría de coordinar todos los esfuerzos posibles para ayudar a los Cristeros en el campo de batalla sin llegar a participar en la batalla misma. La mayoría eran mujeres Católicas solteras, jóvenes y educadas quienes estaban dispuestas a darlo todo por la causa.

¿Están todavía activas hoy en día Las Brigadas de San Juana de Arco?

No. Una vez que se firmó la tregua, el grupo se dividió para regresar a sus respectivos hogares y continuar con su vida normal.

¿Apoyaron los Caballeros de Colón mexicanos la Cristiada?

El primer concilio de Los Caballeros de Colón en México fue establecido en 1905. Incluso en la atmósfera anticlerical de la época revolucionaria en México, la Orden creció a más de cincuenta concilios en sólo seis años. Ellos crearon escuelas, hospitales y financiaron la educación religiosa. Al igual que en Estados Unidos, los Caballeros atrajeron a obispos, sacerdotes, doctores, abogados y otros líderes comunitarios quienes eran incondicionalmente católicos y políticamente activos.

Aunque como organización los Caballeros no podían apoyar oficialmente la Cristiada, más de la mitad de los miembros fundadores de la Liga Nacional Defensora de la Libertad Religiosa eran Caballeros de Colón y cientos se convirtieron en funcionarios de sus centros.

En consecuencia, los Caballeros fueron un blanco específico para el gobierno. Su revista *Columbia* fue prohibida, les negaban empleos en oficinas gubernamentales, muchos de ellos fueron expulsados de sus casas, y otros sumariamente ejecutados, todo esto, solamente por pertenecer a la Orden.

En su carta encíclica de 1926 *Iniquis Afflictisque*, el Papa Pío XI señaló a los Caballeros de Colón como una organización "compuesta de miembros activos y trabajadores, quienes por su entusiasmo por ayudar a la Iglesia, han traído un gran honor para sí mismos".

Se sabe que entre los Cristeros que murieron en la guerra alrededor de setenta eran Caballeros. A la fecha, seis Caballeros de Colón han sido canonizados santos, y tres más beatificados, como mártires de la Cristiada.

¿Dónde ocurrió la mayoría de los enfrentamientos entre Cristeros y Federales?

Después de la primera defensa exitosa en Los Altos, Jalisco, otros estados empezaron a coordinar su propia defensa organizada. Lo que comenzó en Jalisco se extendió a estados vecinos como Zacatecas, Michoacán, Durango, Colima y Querétaro, propagándose poco después a través de la mayor parte del país.

¿Librar una guerra no está en contra de las enseñanzas Católicas?

No está en contra de las enseñanzas Católicas si cae dentro de la definición de la Iglesia de una "guerra justa". Esta doctrina fue enunciada por primera vez por San Agustín de Hipona (354-430 d.C.) A través de los siglos fue refinada por los Doctores de la Iglesia, especialmente por el Magisterio. La Iglesia también ha adaptado la "teoría de la guerra justa" a la situación de la guerra moderna.

Sin embargo, ciertas condiciones establecidas por la Iglesia deben cumplirse para que un conflicto se considere una "guerra justa." Para un mayor entendimiento de la teoría de la "guerra justa" de la Iglesia, favor de consultar los párrafos 2302 – 2317 del Catecismo de la Iglesia Católica.

¿Apoyó la Iglesia Católica al movimiento Cristero?

Los obispos católicos de México no podían involucrarse directamente con el movimiento debido a la posición moral de la Iglesia en lo referente a lo que constituye una "guerra justa". Sin embargo apoyaban medidas que no eran violentas como los boicots y campañas de peticiones, las cuales no implicaban tomar las armas.

¿Qué hicieron los obispos de México para ayudar a la comunidad Católica?

Los obispos trabajaron diligentemente para que la Ley Calles fuera enmendada. El Papa Pío XI aprobó explícitamente este tipo de acción. En Septiembre el episcopado sometió una propuesta para enmendar la Constitución de 1917, pero el Congreso la rechazó.

Al fracasar en el intento por llegar a un acuerdo con el régimen de Calles, y para evitar cualquier posible confrontación o derramamiento de sangre, los obispos de México pidieron permiso a la Santa Sede para suspender todas las celebraciones o cultos el 31 de Julio de 1926, la víspera antes de que la nueva ley entrara en efecto. La película *Cristiada* muestra las bodas, bautismos, etc. que fueron celebrados en masa antes del cese de las ceremonias de la Iglesia.

Los obispos continuaron trabajando incansablemente por una solución pacífica mientras la guerra se intensificaba, pero cada vez los rechazaban y les negaban su petición. Durante lo más feroz de la persecución, el clero fue perseguido y atormentado más que nadie. Todos los obispos corrían el riesgo de ser arrestados o ejecutados por criticar públicamente la Ley de Calles y al gobierno. La mayoría de ellos tuvieron que huir hacia Estados Unidos donde recibieron el apoyo de los Obispos de ese país y sólo dos o tres permanecieron en México.

¿Quién era el Papa durante el tiempo de la persecución?

El papa Pío XI era el Vicario de Cristo durante este período.

¿Qué hizo la Santa Sede para ayudar a la Iglesia en México?

Cuando la represión estaba a punto de comenzar, el Vaticano concedió el permiso que los obispos mexicanos habían pedido para cesar cualquier servicio religioso para evitar confrontaciones. Adicionalmente, la Santa Sede envió cartas al gobierno solicitando la abolición de la Ley Calles. El gobierno ignoró estas solicitudes.

Por último, el Papa Pío XI escribió una encíclica al clero y a los fieles de México para darles ánimo y esperanza durante la persecución. Realmente la Santa Sede no podía hacer más.

Aunque el Vaticano no podía apoyar oficialmente este movimiento, ¿Guardó silencio Roma sobre esta persecución?

Mientras se intensificaba la guerra, Roma continuó teniendo comunicación directa con el Presidente Calles pidiéndole tolerancia. Los oficiales del Vaticano no sólo fueron rechazados, sino que se rompieron las relaciones con el gobierno. Unas semanas más tarde, el 18 de Noviembre de 1926, el Papa mandó la encíclica *Iniquis Afflictisque* (Acerca de la Persecución de la Iglesia en México) para ofrecer oraciones y ánimo durante esos momentos tan difíciles.

TRES—PARTICIPACIÓN DE ESTADOS UNIDOS

¿Qué es lo que sabía Estados Unidos acerca de la persecución de la Iglesia en México y cuál fue su reacción?

Es bueno recordar que si bien la Constitución y la Carta de Derechos de Estados Unidos consagran el derecho a la libertad religiosa, el sentimiento anti-Católico era fuerte en esta nación en la década de 1920. Margaret Sanger, fundadora de la organización *Plan Parenthood* (Planificación de la Familia) apoyaba vigorosamente la persecución de Calles a la Iglesia, así como también el Ku Klux Klan. En el extensamente difundido *The Knights of the Klan vs. the Knights of Columbus* (Los Caballeros del Klan vs. los Caballeros de Colón), el grupo racista y radical ridiculizó a los inmigrantes católicos como "ignorantes y supersticiosos". Incluso llegaron a ofrecer sus cuatro millones de miembros como soldados para el régimen de Calles en caso de que cualquier otro grupo o nación tratara de intervenir militarmente en favor de la Iglesia.

Ciertamente el gobierno Americano estaba al tanto de la persecución, pero hizo muy poco al principio debido a sus intereses vitales en restablecer las importaciones de petróleo que le eran cruciales, las cuales el Presidente Calles había interrumpido poco después de haber llegado al poder. Al mismo tiempo, los católicos estadounidenses apoyaron incondicionalmente a sus hermanos en México.

¿Le brindó alguna ayuda la Iglesia Católica en Estados Unidos al Clero Mexicano durante esta persecución?

Los obispos católicos de Estados Unidos brindaron su pleno apoyo a cualquier clérigo que buscara ayuda. Fue una bendición para la necesidad de cientos, si no es que para miles de clérigos y religiosos. Muchos clérigos solicitantes de asilo fueron recibidos por los obispos de Estados Unidos y recibieron alojamiento, servicios de salud, alimentación y hospedaje durante este tiempo. Solamente dos o tres obispos se quedaron en México, en la clandestinidad, mientras que otros tuvieron que huir o fueron expulsados a su país de origen.

Se sabe que miles de católicos huyeron a otros lugares como Estados Unidos, Cuba y España entre otros países para escapar de esta persecución. No sólo laicos comunes sino también muchos religiosos fueron exiliados porque sus conventos y seminarios fueron confiscados por el estado.

En la película *Cristiada*, el Presidente Calvin Coolidge (interpretado por Bruce McGill) menciona la "presión por parte de los Caballeros de Colón" como un incentivo para que los diplomáticos de Estados Unidos convencieran a Calles de terminar su "guerra contra la Iglesia Católica". ¿Qué hicieron los Caballeros de Colón en Estados Unidos para mantenerse de pie junto a los católicos en México?

En Agosto de 1926, apenas unos días después que la Ley Calles entrara en efecto, los Caballeros en Estados Unidos aprobaron una resolución para apoyar a la Iglesia en México. Establecieron un fondo que recaudó más de un millón de dólares para ofrecer servicios de ayuda para los exiliados mexicanos, proporcionar ayuda a los seminaristas desterrados para que prosiguieran con su formación sacerdotal y para educar al público Americano sobre la verdadera situación.

La Orden imprimió y distribuyó cinco millones de folletos sobre la Cristiada y dos millones de copias de *The Pastoral Letter of the Catholic Episcopate of the United States on the Religious Situation in Mexico* (La Carta Pastoral del Episcopado Católico de los Estados Unidos sobre la Situación Religiosa en México). Los Caballeros en Estados Unidos también patrocinaron más de 700 conferencias gratuitas y llegó a millones de personas por radio.

¿Quién fue Dwight D. Morrow?

Morrow (interpretado por Bruce Breenwood en *Cristiada*) fue nombrado Embajador de los Estados Unidos en México, de 1927 a 1930, por el entonces Presidente Calvin Coolidge. Fue aclamado como un diplomático brillante, mezclando un atractivo popular con un asesoramiento financiero sólido.

¿Cuáles fueron los resultados de la gestión de Morrow como embajador?

El embajador Morrow fue fundamental para que la persecución llegara a su fin. Inició una serie de desayunos de trabajo con el Presidente Calles en los cuales discutieron una variedad de temas, desde el levantamiento religioso, hasta el petróleo y la irrigación. Esto le valió ganarse el apodo de "el diplomático de los huevos con jamón" en los periódicos de Estados Unidos.

Morrow quería que el conflicto terminase por dos razones: por seguridad regional y para ayudar a encontrar una solución al problema del petróleo en Estados Unidos. En una de las reuniones con Calles, el embajador le ofreció ayuda militar a cambio de petróleo para que México terminara con esta guerra de una vez por todas. Sin embargo, al final tuvo que depender de las habilidades diplomáticas del clero y de laicos católicos para negociar el acuerdo de paz el cual puso fin a la Cristiada. En sus esfuerzos por terminar con la guerra, contó con la ayuda de el Padre John J. Burke de *The National Catholic Welfare Conference* (La Conferencia Nacional Católica para el Bienestar). La Santa Sede fue también muy activa en su pedido por la paz.

Después del asesinato del Presidente Álvaro Obregón, sucesor de Calles, el Congreso mexicano nombró a Emilio Portes Gil como presidente interino en Septiembre de 1928. Gil era más abierto a la Iglesia que Calles, y permitió que Morrow y el Padre Burke reinstituyeran la iniciativa de paz.

Portes Gil le dijo a un corresponsal extranjero el 1 de Mayo de 1929, "El clero Católico, cuando lo desee, puede renovar el ejercicio de sus ritos con una sola condición, que respeten las leyes de la tierra".

El Presidente Calles (izq.) brazo con brazo con el Presidente Estadounidense Calvin Coolidge

CUATRO— PERSONAJES DE LA CRISTIADA

¿Quién fue Anacleto González Flores y cuál fue su papel durante la persecución?

El Beato Anacleto González Flores (interpretado en la película por Eduardo Verástegui) nació el 13 de Julio de 1888 en Tepatitlán, Jalisco, México. Llegó a ser uno de los líderes que coordinó y propuso estrategias para realizar los boicots durante la Cristiada. El Beato Anacleto fue inspirado por el ejemplo de "resistencia pacífica" de Mahatma Ghandi, y es a veces conocido como el "Ghandi Mexicano." Fue beatificado por el Papa Benedicto XVI como mártir el 20 de Noviembre de 2005.

El Beato Anacleto estuvo involucrado en gran medida en actividades sociales y religiosas, y era un miembro entusiasta de la Asociación Católica de la Juventud Mexicana (ACJM). Enseñaba catecismo, se dedicó a obras de caridad y escribió muchos artículos y libros con un espíritu Cristiano. En 1922 se casó con María Concepción Guerrero y tuvieron dos hijos.

Para el año de 1926, la situación en México había empeorado. Hasta este tiempo, Anacleto había abogado por una resistencia pasiva y sin violencia, pero se unió a la causa de la Liga Defensora de la Libertad Religiosa cuando supo del asesinato de cuatro miembros de la ACJM.

En Enero de 1927, la guerra se había desparramado por todo Jalisco. Desde sus muchos escondites secretos, Anacleto escribía y mandaba boletines y coordinaba esfuerzos por una resistencia pacífica. Eventualmente fue capturado en una mañana de Abril de 1927 en la casa de familia Vargas González, junto con los tres hermanos Vargas.

La película *Cristiada* se dio cierta licencia artística al interpretar el martirio de Anacleto. No fue ejecutado sumariamente como se muestra en la película. Después de ser arrestado, fue llevado al Cuartel Colorado donde su tortura incluyó el ser colgado de los dedos pulgares hasta que se dislocaron, y acuchillarle a tajos las plantas de los pies. Él se resistió a dar cualquier información a sus captores. Entonces José Anacleto González Flores, junto con los hermanos Vargas González y Luis Padilla Gómez fueron asesinados ese mismo día del 1ro. de Abril de 1927.

Es digno de tener en cuenta que en Mayo de 1925, Anacleto González Flores y Miguel Gómez Loza recibieron el premio "Pro Ecclesia Et Pontifice" por su noble y generoso trabajo al servicio de la Iglesia Católica.

¿Quién fue Miguel Gómez Loza?

Miguel Gómez Loza (interpretado por Raúl Méndez en *Cristiada*) nació el 11 de Agosto de 1888 en Tepatitlán, Jalisco, México. Desde temprana edad mostró un fuerte amor a Dios y una devoción sincera a la Santísima Virgen María. A la edad de veintiséis años Miguel se inscribió en la Universidad de Morelos, donde obtuvo una licenciatura en leyes, y eventualmente abrió su oficina en Arandas, Jalisco, como abogado.

Se hizo miembro de la ACJM en 1915, y en 1919 fundó un Congreso Nacional de Trabajadores Católicos para unificar a los trabajadores industriales, empleados comerciales y jornaleros agrícolas. Trabajó sin descanso para defender los derechos de los necesitados. En consecuencia lo arrestaron cincuenta y nueve veces por organizar protestas contra el gobierno.

En 1922 Miguel se casó con María Guadalupe Sánchez Barragán y tuvieron tres hijos. Se unió a la Liga Nacional Defensora de la Libertad Religiosa en 1927, pero continuó siendo partidario de la idea de enfrentar la persecución de una manera pacífica.

Después de la muerte de Anacleto, Miguel Gómez fue nombrado por los católicos como Gobernador del Estado de Jalisco, y se esforzó por todos los medios a su alcance de defender la libertad y la justicia. Para Marzo de 1928, Miguel vivía en un rancho cerca de Atotonilco, Jalisco. El 21 de Marzo de 1928, fuerzas federales que lo andaban buscando descubrieron su paradero. Fue ejecutado por un pelotón de fusilamiento ese mismo día.

¿Quién dirigió a los Cristeros?

Al principio, los líderes de la Liga Nacional Para la Defensa de la Libertad Religiosa estuvieron a cargo del movimiento Cristero pero carecían de visión y experiencia. Después de unos cuantos golpes importantes a algunos de sus lugares estratégicos, contrataron a un mercenario General retirado para comandar las fuerzas Cristeras.

¿Quién fue el General Enrique Gorostieta?

Enrique Gorostieta Velarde (interpretado en la película por Andy García) nació en el estado de Monterrey, México, en 1889. Recibió su educación militar en el Colegio Militar de Chapultepec (conocido como el "West Point Mexicano") y peleó durante la Revolución Mexicana llegando a ser un exitoso General de combate. Fue un oficial condecorado con una historia de triunfos impresionantes.

Ahora retirado del servicio activo, usaba su conocimiento de química para asegurar el empleo como ingeniero en una compañía de jabones. La Liga Nacional Defensora de las Libertades Religiosas buscó su liderazgo.

Irónicamente, Enrique Gorostieta era un anticlérigo y un masón de alto rango. Los motivos iniciales por los cuales se unió al movimiento Cristero fueron la defensa de la libertad religiosa, el alto salario que le ofreció la Liga Nacional, y la promoción que le daría a sus propias ambiciones políticas.

A los Cristeros les faltaba experiencia y disciplina militar, lo cual les traía problemas y a veces confrontaciones costosas. El mando firme de Gorostieta como General Cristero trajo la organización que la insurgencia tanto necesitaba. A él se le atribuye el cambio de los Cristeros de ser un conjunto abigarrado de grupos de bandidos, a ser un Ejercito Cristero disciplinado. Bajo su mando los Cristeros nunca fueron derrotados en el campo de batalla.

CRISTIADA

Ganaron una serie de batallas en el Jalisco rural, Michoacán, Colima y Zacatecas.

A pesar de todo, sin el apoyo de los Obispos de México y del Vaticano, y quebrantados por discordias internas, los Cristeros nunca alcanzaron su verdadero potencial como fuerza política o militar.

Gorostieta reaccionó fuertemente cuando supo que el embajador de Estados Unidos estaba tratando de negociar un acuerdo diplomático entre el gobierno y la Iglesia Católica. Inmediatamente mandó una enérgica carta a los Obispos sobre esta posible tregua. Escribió:

"Desde el comienzo de nuestro levantamiento hemos escuchado por medio de la prensa sobre una posible tregua entre la Iglesia y el gobierno para dar fin a este conflicto religioso.

Cada vez que este tipo de artículos se publican, los hombres en la batalla sienten que un frío de muerte invade sus almas. Y cada vez que leemos que un Obispo está dispuesto a negociar con Calles, recibimos la noticia como una bofetada en la cara, y aún más dolorosa por que viene de aquéllos de quienes esperamos recibir algún tipo de apoyo moral, una palabra de aliento, la cual hasta ahora, no hemos recibido."

El gobierno, al ver a Gorostieta como un obstáculo para la posible tregua, puso un precio más alto a la recompensa por su cabeza. El 2 de Junio de 1929, siguiendo una operación de inteligencia del gobierno, Gorostieta fue asesinado, solamente tres semanas antes de que se firmara la tregua.

Como el movimiento se estaba colapsando rápidamente, Gorostieta había intentado retirarse a

Michoacán, donde esperaba reclutar seguidores y continuar la rebelión. Un funcionario federal, quien se había infiltrado en el círculo interior de Gorostieta, avisó a la caballería mexicana de la presencia del General en Atotonilco, Jalisco. Allí fue asesinado en un breve tiroteo. El aniversario de su muerte todavía se celebra hoy en México por un numeroso grupo de sus seguidores.

¿El nombre verdadero de la esposa de Gorostieta era Tula o Tulita?

Sí. El nombre complete de las esposa de el General Gorostieta era Gertrudis Lazaga Sepúlveda (interpretada por Eva Longoria en la película *Cristiada*). Tula es el "apodo" apropiado para alguien que se llama Gertrudis.

¿Quién fue José Luis Sánchez del Río?

José Luis Sánchez del Río fue un joven soldado Cristero (interpretado por Mauricio Kuri en *Cristiada*). José se horrorizó cuando presenció personalmente la persecución de sacerdotes locales y la profanación de las iglesias en su pequeño pueblo natal de Sahuayo, Michoacán.

Cuando estalló la guerra Cristera en 1926, sus hermanos mayores tomaron las armas y se unieron al movimiento, pero su mamá no le permitió a José que tomara parte en él. El General Cristero Prudencio Mendoza también se negó a enlistarlo. Pero finalmente,

Mendoza cedió y permitió que José fuera el abanderado de la tropa.

A José se le conoce como uno de los miembros más jóvenes del movimiento Cristero. Los Cristeros le apodaban "Tarsicio", en honor al niño mártir de los primeros Cristianos que dieron su vida para proteger la Eucaristía de la profanación.

Durante un intenso combate el 25 de Enero de 1928, el caballo del General Mendoza recibió un disparo. En un acto valiente y de gran heroísmo, José le dio su caballo al General para que continuara en la batalla. Entonces buscó refugio y le disparó al enemigo hasta que se quedó sin municiones. Las tropas del gobierno lo capturaron y lo encarcelaron en la sacristía de la iglesia local.

Lo forzaron a presenciar la ejecución de un compañero Cristero, pero ni aun así hicieron que revelara alguna información. Lo siguiente lo dijo un supuesto testigo ocular que da cuenta del horrible martirio de José el 10 de Febrero de 1928:

"Consecuentemente le cortaron la planta de los pies y lo obligaron a caminar por el pueblo hacia el cementerio. También a veces lo cortaban con un machete hasta que sangraba de varias heridas. Gritó y gimió de dolor, pero no cedió. A ratos lo detenían y le decían, 'si gritas "Muerte a Cristo Rey" te perdonamos la vida.' José sólo gritaba, 'Nunca me rendiré. ¡Viva Cristo Rey!' Cuando llegaron al lugar de la ejecución, lo apuñalaron varias veces con sus bayonetas. José solamente gritaba más fuerte, '¡Viva Cristo Rey!'"

El comandante del Gobierno estaba tan furioso que sacó su pistola y le disparó en la cabeza. José fue declarado mártir y fue beatificado por el Papa Benedicto XVI, el 20 de Noviembre de 2005.

¿En realidad era tan estrecha la relación entre José Sánchez del Río y el General Gorostieta como se ve en la película?

El curso dramático de la película representa una relación muy cercana entre Enrique Gorostieta y el joven Cristero José Sánchez del Río. Su relación es un recurso argumental para representar el viaje que llevó a Gorostieta de ser "el hombre que menos creía en la causa" a ser un Cristero comprometido dispuesto a morir por ella.

Históricamente, Gorostieta y José no se conocieron personalmente. Sin embargo, a pesar de esta licencia artística, el esquema básico de sus acciones y sacrificios es correcto. Por ejemplo, en la película se ve que el joven José Sánchez del Río le entrega su caballo a Victoriano Ramírez ("El Catorce") durante una feroz batalla. En la lucha real él dio su caballo al General Prudencio Mendoza, comandante de las tropas a las cuales pertenecía.

¿Quién fue Victoriano Ramírez, alias "El Catorce"?

El General Victoriano Ramírez alias "El Catorce" fue un ranchero que se convirtió en un combatiente famoso durante la Cristiada. Fue de los primeros hombres en unirse a la resistencia armada y lideró varios ataques en la región de San Julián, en el estado de Jalisco. Pero también era un "rebelde entre los rebeldes".

¿En verdad Victoriano Ramírez mató a catorce soldados como en la película?

De acuerdo al testimonio de historiadores de la Cristiada, un jefe de policía local mandó catorce Federales a capturar vivo o muerto a Ramírez. Como se aprecia en la película, afortunadamente él evitó ser capturado al matar a todos los catorce agresores. Después amarró sus armas con una cuerda y las mandó al jefe de la policía con un mensaje: "Si quieres capturarme, es mejor que mandes más de catorce la próxima vez". Fue este incidente el que le ganó el sobrenombre de "El Catorce".

¿Peleó Ramírez junto al General Gorostieta? ¿Hubo tensiones entre ellos?

Ramírez, efectivamente combatió al lado de Gorostieta, pero a veces desobedecía sus órdenes o cuestionaba desafiante las estrategias militares del experimentado General. Ramírez quería tener control total de sus hombres y no toleraba ninguna interferencia. Así que cuando los Cristeros contrataron al General Gorostieta, él se puso celoso e insubordinado. Eso, además de otras decisiones y acciones que tomó que no iban de acuerdo con los planes principales de los Cristeros, no auguraban nada bueno a su futuro en el movimiento. A diferencia de la heroica muerte que representada en la película, hay informes que "El Catorce" fue ejecutado el 17 de Marzo de 1929 por hombres de su propia unidad para evitar nuevos contratiempos.

El Padre José Reyes Vega (interpretado por Santiago Cabrera en *Cristiada*) fue un General Cristero. ¿Puede un sacerdote declarar la guerra legítimamente?

La respuesta breve es no. Los sacerdotes dependen de el poder de la oración y de la gracia de Dios Todopoderoso – ellos no dependen de las balas -. Como escribió Santo Tomás de Aquino en la *Summa Theologica*:

Es deber de los clérigos disponer y dar consejo a otros hombres para participar en guerras Justas. Porque ellos tienen prohibido tomar las armas, no por que se tratara de un pecado, sino por que tal actividad es impropia de su personalidad. [...] Si bien es meritorio declarar una guerra justa, sin embargo es ilegal para los clérigos, por la razón de que ellos son delegados a obras aún más meritorias. [Por ejemplo] el acto del matrimonio puede ser meritorio; y sin embargo se convierte en censurable en los que han prometido virginidad, por que están destinados a un bien aún mayor.

Sin embargo, esto no les impide a los sacerdotes actuar como capellanes a los militares. Como también dice el Doctor Angélico:

Prelados y clérigos pueden, por la autoridad de sus superiores, tomar parte en guerras, no precisamente tomando las armas ellos mismos, sino dando ayuda espiritual a aquellos que pelean justamente, exhortándolos y absolviéndolos, y a través de otros tipos similares de ayuda espiritual.

Al parecer, esto también podría aplicarse a clérigos como el Obispo José Francisco Orozco, de Guadalajara. Reacio a abandonar su rebaño, el Obispo se quedó con los rebeldes, mientras que rechazaba formalmente la rebelión armada.

El Padre Vega dice al principio de la película, "*Pero la Biblia también dice, hay un tiempo para la paz y un tiempo para la guerra*". ¿En qué parte de la Biblia está ese verso?

En Eclesiastés 3:8

¿Continuó el Padre Vega siendo sacerdote?

Sí. Como el Bautismo y la Confirmación, el Sacramento de las Ordenes Sacerdotales confiere un carácter ineludible para el alma; como dice el dicho, "*una vez que se es sacerdote, siempre se es sacerdote*". También se nos informa al final de la película *Cristiada* que el Padre Vega recibió el beneficio de la Confesión Sacramental antes de morir.

El personaje del Padre Vega escucha la confesión del General Gorostieta cerca del final de la película. Dada la condición irregular del Padre Vega como un "sacerdote combatiente", ¿Hubiera sido válida esa confesión?

A pesar de que la Iglesia había suspendido oficialmente los servicios religiosos, y que el Padre Vega estaba participando ilegítimamente en el combate, su celebración de el Sagrado Sacrificio de la Misa habría permanecido válida, pero no lícita.

Por otra parte, el Sacramento de la Penitencia requiere facultades de orden local para su validez. Sin embargo, en una situación donde existe peligro de muerte, la misma Iglesia da facultades para que incluso un sacerdote excomulgado pueda válidamente escuchar la confesión de alguien en caso de emergencia. Probablemente, la situación representada en la película caería en ésta categoría.

En la película hay una escena donde gente fue quemada viva en un tren por órdenes del Padre Vega. ¿En realidad sucedió eso?

Las cuentas varían en relación a cuántas vidas se perdieron en realidad y quién tenía la culpa de este incidente. Por supuesto, siempre hay dos versiones para cada historia.

Los Cristeros sostienen que todos fueron evacuados antes de que el tren estuviera envuelto en llamas. En la película, el Padre Vega se queda atónito al oír los gritos de la gente que quedó atrapada en el interior del tren. El régimen de Calles insistió que los Cristeros incendiaron a propósito el tren, con todos a bordo, matando a cincuenta y una personas, incluidos mujeres y niños.

Una tercera versión refiere que oficiales del gobierno pusieron gente en el tren, le prendieron fuego, y luego culparon a los Cristeros con el fin de justificar una continua persecución y que era cada vez más feroz. Sólo Dios sabe la verdad. Al final, real o imaginado, este episodio fue un verdadero golpe para la opinión pública sobre los Cristeros.

¿Es cierto que algunos Cristeros cometieron atrocidades contra la dignidad humana de gente inocente?

Ésta es una acusación común contra la acción militante católica militante en cualquier época. Los temas de las Cruzadas, la Inquisición, la Cristiada, etc. siempre incitan a la acusación de hipocresía contra los católicos y la Iglesia. La verdad es que los seres humanos no son perfectos y las injusticias ocurren incluso entre aquellos con las mejores intenciones.

Testimonios personales existentes revelan que algunos Cristeros aprovecharon el conflicto para cometer diversos niveles de delincuencia, como los soldados siempre han hecho a lo largo de la historia. Es en verdad una pena que cualquier Cristero haya abusado de la situación para cometer ese tipo de delitos. Sin embargo, es crucial recordar que cualquiera que hayan sido las acciones de unos pocos, miles de hombres y mujeres con más valentía pelearon, sacrificaron, ¡y hasta dieron sus vidas por Cristo Rey!

También es importante mencionar que hubo un gran grupo de hombres que parecían Cristeros, pero en realidad eran campesinos que trabajaban para el gobierno para crear confusión y para cambiar la opinión pública en contra de los Cristeros. Cometieron crímenes atroces y les decían a sus víctimas explícitamente, "Acabas de ser asaltado por Cristeros".

¿Cuántas vidas se perdieron durante esta persecución?

El número exacto no puede ser calculado con exactitud. Se dice que los Cristeros perdieron más de 25,000 hombres, mientras que el gobierno perdió más de 65,000 soldados durante la guerra. En total, las muertes que se le atribuyen a este conflicto y a la persecución que lo provocó y lo alentó, pueden llegar hasta los 200,000 muertos.

¿Cuántos de aquellos que murieron son considerados mártires por la fe?

La Iglesia Católica ha canonizado a veinticinco mártires de la Cristiada y ha beatificado a quince más, pero hay muchos más que pueden estar en el camino hacia la santidad en los próximos años. Hay tal vez miles de historias de sacrificio por la Santa Madre Iglesia que nunca se sabrán. Solamente Dios realmente sabe la santidad de cada uno de ellos.

¿Se tiene registro de las últimas palabras que pronunció alguno de los mártires Cristeros?

Sí. Las últimas palabras del Beato José Sánchez del Río antes de su ejecución fueron: "Díganle a mis padres que los veré en el cielo. ¡Viva Cristo Rey!"

Las últimas palabras del Beato Anacleto González Flores las pronunció mientras estaba colgado de sus pulgares, azotado y apuñalado con una bayoneta. El perdonó a sus verdugos y les ordenó que dispararan sus armas al grito de "¡Viva Cristo Rey!"

Mientras siete soldados se alineaban para fusilar su cuerpo abatido dijo: "Escuchen las Américas por segunda vez: yo muero, pero Dios no muere. ¡Viva Cristo Rey!"

¿Cuál fue el origen de las últimas palabras del Beato Anacleto?

Uno de los héroes del Beato Anacleto, fue el martirizado presidente de Ecuador Gabriel García Moreno. Después de haber sido elegido como presidente para un tercer mandato, García Moreno recibió advertencias de que su vida corría peligro. Él sabía el riesgo y decidió correrlo.

El 5 de Agosto de 1875 en la Plaza Grande de Quito, Ecuador, un grupo de asesinos anticatólicos hirieron de muerte a García Moreno. Cuando uno de los criminales le dijo, "Hemos Ganado. Hemos matado a Dios", García Moreno gritó, "Escuchen las Américas: yo muero, pero Dios no muere. ¡Viva Cristo Rey!"

Cuando el Beato Anacleto estaba a punto de ser ejecutado repitió las palabras de su héroe; haciéndole un llamado a las Américas para que presenciaran por segunda vez la presencia eterna de Dios en la cara de la tiranía atea.

¿Cómo es que tenemos fotos de algunas de las ejecuciones de los Cristeros?

El Presidente Calles quería asegurarse que todos los católicos vieran el horror de las ejecuciones para intimidarlos y disuadirlos aún más de practicar su fe. Después que las primeras imágenes fueron publicadas, la respuesta del público fue de conmoción, incredulidad y cólera. Exponer las horribles medidas de la persecución sólo enfureció aún más a la gente y llevó a que más católicos apoyaran la rebelión. Claramente, Calles cometió un grave error.

¿Cómo terminó la persecución?

El término de la persecución finalmente llegó bajo la presión del Embajador de Estados Unidos Dwight Morrow, quien quería ser el mediador por la paz, pero también quería ganar favores políticos. Los Obispos mexicanos y la Santa Sede también estaban dispuestos a negociar para parar el derramamiento de sangre y la persecución de inocentes.

Los Beatos José Sánchez del Río y
Anacleto Gonzáles Flores

Enrique Gorostieta y "Capitana Brigadista"

Padre Jose Vega

CINCO — LA LIBERTAD ES NUESTRAS VIDAS

¿Quién ganó la Cristiada? ¿Hubo "victoria" para los Cristeros?

Es muy difícil identificar a un "ganador" en esta batalla religiosa. Al final, los católicos recuperaron la libertad para practicar su fe y algunas propiedades de la Iglesia (aunque no todas). ¿Pero a qué costo? Miles de viudas y huérfanos sufrieron extremadamente por muchos años después que la guerra terminó. Si es que hubo un ganador de este trágico episodio, ese tendría que ser todos los ciudadanos mexicanos que nacieron después del conflicto, quienes disfrutan de la libertad para ejercer su Fe.

La libertad religiosa que existe en México hoy en día – y en cualquier parte del mundo donde haya ocurrido alguna persecución religiosa – se la debemos en mayor parte a aquellos que dieron sus vidas peleando por ella. Como proclamó Tertuliano, uno de los primeros Padres de la Iglesia (255 d.C): *"La sangre de los mártires es la semilla de la Iglesia."*

¿Hubo una "fecha oficial" para terminar la Guerra Cristera?

Sí, hubo una fecha oficial. El 23 de Junio de 1929 es la fecha oficial en que se firmó la tregua entre los Obispos y el gobierno negociada por el Embajador Morrow y el Padre Burke. En este momento los Obispos le ordenaron a la

LNDLR que cesaran sus actividades políticas y militares y a los Cristeros a que depusieran sus armas.

¿Estuvieron a salvo después de la tregua los Cristeros?

Desgraciadamente, la tregua que firmaron el gobierno mexicano y la Iglesia Católica era de hecho también una trampa para los Cristeros. Muchos de ellos sabían que era una trampa pero ya estaban cansados de luchar. Aunque no estaban obligados, la mayoría puso su destino en las manos de Dios y obedeció las órdenes de abandonar el campo de batalla y entregar las armas.

Rápidamente el régimen quebrantó su promesa de cumplir con los términos acordados. Durante los primeros tres meses después de que se firmó el acuerdo, Calles mató a más de quinientos líderes Cristeros y a 5,000 Cristeros comunes. Murieron más líderes Cristeros durante éste breve período de tiempo que durante los tres años de la guerra. Los asesinatos continuaron desde Junio de 1929 hasta Septiembre de ese mismo año.

¿Siguieron persiguiendo a la Iglesia los sucesores del Presidente Calles? ¿Eran igual de agresivos en su anti-Catolicismo?

La presidencia de Calles terminó en 1928 cuando la persecución estaba en su nivel más violento. Su sucesor, Emilio Portes Gil, se dio cuenta del grave error que había cometido Calles al imponer las leyes anticlericales. No obstante, el "Jefe Supremo" Calles en realidad todavía tenía el control y no estaba de acuerdo en cambiar la táctica hasta que fuera evidente que la guerra tendría que terminar. Sin embargo, el fin de la guerra no significó el fin de la persecución. Hubo un segundo levantamiento popular a principios de los años 1930, en respuesta a la renovada persecución. En 1932 el Papa Pío XI escribió una segunda encíclica titulada *Acerba Animi* ("Dolor del Alma") con el mismo propósito de su encíclica previa: dar aliento y bendiciones a los fieles. Por suerte esta última persecución no fue tan fuerte ni tan prolongada como la Cristiada.

¿Existen sobrevivientes de la Cristiada que aún estén vivos hoy en día?

Sí, pero muy pocos. Cualquier persona que haya sobrevivido la persecución y tiene la edad suficiente para recordarla tiene probablemente alrededor de 90 años ahora. Sin embargo, en los pequeños pueblos rurales y en las aldeas, uno todavía puede ver sencillos santuarios dedicados a los sacerdotes locales que defendieron su rebaño y fueron martirizados como resultado. Existe un marcado contraste entre la devoción profunda e inquebrantable entre algunas personas y la casi completa falta de conciencia de la mayoría. Esperemos que *Cristiada* ayude a cerrar esa brecha.

¿Se hace mención alguna a la Cristiada en los libros de texto de las escuelas públicas de Mexico?

No tanto como uno esperaría. Recientemente, hasta la década de 1980 era difícil encontrar un solo libro que mencionara algo de peso sobre la Cristiada. Si se mencionaba, usualmente era solamente una simple frase en la biografía del Presidente Calles. Si el sistema escolar no incluía la Cristiada como parte de su historia, las generaciones futuras pronto perderían cualquier conocimiento acerca de ella. Naturalmente, eso fue antes que se desarrollara la Internet.

Pero incluso hoy, es importante tener en cuenta la diferencia crucial entre la historia oficial del estado y el entendimiento Católico acerca de los eventos. El gobierno Mexicano describe la Cristiada como una rebelión porque los Cristeros se "rebelaron" en contra de la aplicación de la Ley Calles. Pero la palabra "rebelión" no es una forma apropiada para describir el intento de restaurar en su lugar las costumbres de siglos antes de la Revolución Mexicana.

Los católicos ven la Cristiada como una respuesta, aunque sea de manera violenta, a la persecución injusta porque los católicos eran perseguidos por las leyes injustas que inhibían su libertad religiosa.

Hoy en día, los libros de texto de las escuelas mexicanas incluyen este capítulo de la historia del país, aunque no se refieren a ella como una "persecución" de católicos, sino como una "rebelión" de los católicos. Sin embargo, también hay ahora más libertad de prensa y un gran volumen de historias sin contar sobre la Cristiada – testimonios e imágenes que durante muchos años era ilegal imprimir o publicar – que finalmente están surgiendo. Hay, literalmente, miles de testimonios saliendo a la luz que revelan una historia inspiradora, la cual ha estado escondida por décadas bajo una sombra oscura de miedo y negación.

¿Existen algunas limitaciones a la libertad de religión y de culto en México hoy en día?

Las relaciones diplomáticas entre México y la Santa Sede fueron restablecidas en 1992. A pesar de todo, las leyes anticlericales permanecen todavía en la Constitución Mexicana, pero conforme a un acuerdo mutuo, no serán aplicadas a sus ciudadanos. En cuanto a "limitaciones", muchos sacerdotes en México aún no usan vestimenta clerical en público debido a la tradición que comenzó cuando ese ropaje estaba prohibido durante la persecución.

¿Aunque a un nivel menos evidente, sigue la persecución todavía en México?

Sí. Los sacerdotes e Iglesias Católicas todavía son blanco de ataques en México por medios de comunicación seculares. También, de acuerdo a una encuesta conducida a través de toda la Iglesia en México: durante la actual administración del Presidente Felipe Calderón, doce sacerdotes y dos seminaristas han sido asesinados, 162 sacerdotes han recibido amenazas de muerte, y cerca de mil sacerdotes han sido víctimas de extorsión.

¿Existe alguna similitud entre lo que sucedió en México durante la persecución Cristera y lo que está pasando ahora en los Estados Unidos? (por ejemplo, católicos que son ordenados a que violen su conciencia y sus enseñanzas morales al cumplir con los mandatos de cobertura de seguro de salud federal?

Sí, ciertamente hay una similitud. La pregunta es: ¿Qué es lo que los católicos de Estados Unidos están dispuestos a hacer para defender su libertad religiosa? La respuesta nos puede sorprender a todos.

¿Qué de bueno se puede decir que dejó la Cristiada?

Esto siempre ha sido difícil de explicar por el dolor y la devastación que dejó atrás, especialmente para aquellos que perdieron a sus seres queridos. Pero Dios siempre traerá algo bueno de cualquier situación mala. Esa es nuestra esperanza en Cristo y su Santa Voluntad.

En primer lugar, si no hubiera sido por estos hombres y mujeres valientes que defendieron su libertad religiosa, México sería ahora un país socialista/comunista. Esto es a todas luces una certeza. Solamente Dios sabe lo que esto significaría para sus ciudadanos y para los países vecinos.

En segundo lugar, México le ha dado al mundo y especialmente a los Estados Unidos, un patrimonio católico incalculable a través de su cultura, su devoción a Nuestra Señora de Guadalupe, y generaciones de muchos grandes sacerdotes.

Por último, cuando se impuso la Ley Calles y miles de religiosos fueron desalojados de México, muchos de ellos fundaron casas de oración, conventos, órdenes religiosas y seminarios, trayendo la propagación de muchas gracias y bendiciones a los países vecinos.

Las Hermanas Carmelitas del Santísimo Sacramento de Los Ángeles, fundadas por la Venerable Madre Luisita Josefa del Santísimo Sacramento, fue una de esas órdenes. De acuerdo a su página de Internet oficial:

En los años 1920's durante la Revolución y la persecución religiosa en México, en los primeros años de nuestra congregación, nuestra fundadora, Madre María Luisa Josefa del Santísimo Sacramento se convirtió en una luz en esa oscuridad de confusión y odio. Ella estableció escuelas, hospitales y orfanatos. La misma persecución la cual había buscado destruir su trabajo, sólo hizo que se propagase a otras tierras, a nuestro propio Estados Unidos. Su ideal de combinar contemplación con amor apostólico les enseñó a sus hijas a aferrarse a Dios con la mente y el corazón, al mismo tiempo que se asocian con el trabajo de la Redención y propagan el Reino de Dios.

El 1 de Julio del año 2000, nuestro Santo Padre, Juan Pablo II promulgó que la Madre María Luisa Josefa fuera llamada

"Venerable", lo que significa que se ha comprobado que la Madre Luisita practicaba sus virtudes a un nivel heroico. Ahora ella es candidata para la beatificación lo cual requiere la evidencia de un milagro a través de su intercesión.

Así que la respuesta a la pregunta, "¿Dejó algo bueno la Cristiada?" debe ser un rotundo ¡Sí!

¿Qué se puede hacer para que una situación como la Cristiada no vuelva a ocurrir de nuevo en México ni en Estados Unidos?

La respuesta se encuentra en el estudio de la historia y en contemplar las consecuencias que se derivan cuando los hombres buenos no hacen nada. Claramente los católicos tienen que estar atentos y firmes en su Fe y estar dispuestos a luchar por nuestra libertad religiosa a toda costa.

La epístola de San Judas nos exhorta a "combatir ardientemente por la Fe, de una vez para siempre ha sido transmitida a los santos" (Judas 1:3). Los católicos saben que esto significa tomar por asalto el cielo con oraciones, puesto que no podemos conseguir nada apartados de la mano de Dios (cf. Juan 1:5). Pero también significa que tenemos que tomar acción, tal vez incluso dar nuestra propia vidas si es necesario, por las futuras generaciones, porque "la fe sin obras es muerta". (Santiago 2:20)

Vivir en el mundo en donde más y más naciones históricamente Cristianas buscan redefinir la libertad religiosa a que signifique solamente "libertad de culto" dentro de nuestros propios "templos", es alejarnos sólo a un paso de vivir en un mundo donde practicar la Fe será un crimen.

El Beato Juan Pablo II nos enseñó que "Aquellos que poseen ciertos derechos tienen la obligación de defenderlos". Ahora los católicos alrededor del mundo que se esfuerzan por vivir de una manera que refleje su fe en cada aspecto de su vida deben hacer eco de las palabras de el General Enrique Gorostieta en *Cristiada*, "La libertad es nuestras vidas. ¡Viva Cristo Rey!"

CRISTIADA
GALERÍA DE FOTOS

Mauricio Kuri, como José Sánchez del Río

José (Mauricio Kuri) en el campamento Cristero con el General Gorostieta, interpretado por el actor nominado al Oscar ®, Andy García

José (Mauricio Kuri) en el camino a su ejecución. Abajo: José (Kuri) en manos de su madre (Karyme Lozano, a la derecha) después de su martirio

Nominado al Oscar ®, Andy García, como el General
Enrique Gorostieta Velarde

.

Gorostieta (Gracia) con su esposa Tulita, interpretado por Eva Longoria, ganadora del Globo de Oro
Abajo: Gorostieta con Victoriano "El Catorce" Ramírez (derecha), interpretado por Oscar Isaac

Eva Longoria, premiada con un Globo de Oro, en el papel de Tulita
Abajo: Tulita (Longoria, en el centro) con sus hijas

Padre Vega, interpretado por Santiago Cabrera
Abajo: el padre Vega (Cabrera, centro) oficia la Santa Misa
por los Cristeros

Eduardo Verástegui interpreta al Beato Anacleto González Flores

Catalina Sandino Moreno como Adriana
Abajo: Adriana (Moreno, centro) con el beato Anacleto
(Eduardo Verástegui, a la izquierda con barba)

Oscar Isaac interpreta a Victoriano "El Catorce" Ramírez
Abajo: Néstor Carbonell como el alcalde Picazo

Rubén Blades como el presidente Plutarco Elías Calles

ENSAYO EXTRA
Y
ORACIONES CRISTERAS

———————————

¿QUIÉN PUEDE SER UN SACERDOTE? LA PREGUNTA QUE MATÓ A 200,000 MEXICANOS

Carl Anderson, Caballero Supremo, Caballeros de Colón

Desde las inquietantes fotografías de ahorcados, hasta la película *Cristiada*, una vez que has visto los horrores de la persecución Mexicana y de la rebelión Cristera, es difícil olvidarlos. Pero no debemos olvidar lo que en realidad eran las primeras aparentemente leves injusticias del Estado contra la Iglesia.

La persecución religiosa rara vez se comienza con sangre. Empieza con la redefinición – redefinición del papel que juega la religión en nuestra vida personal, en los ministros, en las iglesias, en la sociedad y en el gobierno-. En el caso de México, el clero fue el primer blanco del Estado. Comenzó con una simple declaración: todos los sacerdotes deben de registrarse con el Estado. El problema fue que, por esta ley, el Estado se dio a sí mismo la autoridad de determinar quién era un ministro y quién no.

Un Estado que puede decidir sus ministros también puede decidir qué doctrinas va a permitir que se prediquen. Los sacerdotes y religiosos tenían prohibido criticar al gobierno. Las escuelas católicas fueron cerradas. Les negaron a los sacerdotes incluso los derechos básicos de cualquier ciudadano, incluyendo el derecho a votar y el derecho de testificar en un juicio – si es que era condenado de desobedecer las leyes religiosas.

Un Estado que no cree en el voto de castidad de sacerdotes, monjas, o hermanos debe necesariamente excluirlos como ministros también. Y por lo tanto cerraron todos los monasterios en México, obligando a cientos a buscar otro hogar.

Con la autoridad para determinar quién era un ministro, el Estado también se dio a sí mismo el poder de determinar cuantos ministros eran permitidos en cada área. Cientos de miles se quedaron sin sacerdotes.

Paso a paso, el gobierno avanzaba en su plan de controlar el Catolicismo, a través de la "purificación" de la religión de la participación de "extranjeros" y controlando su mensaje.

Esencialmente el Estado intentó crear una "Iglesia Católica", la cual no era "Católica" en el sentido internacional. Al expulsar a los sacerdotes extranjeros – a quienes comúnmente llamamos misioneros-el Estado rechazó las dimensiones misioneras de la fe, el llamado a "predicar a todas las naciones".

De igual manera, a pesar de que después el gobierno mexicano públicamente negó que quisiera suprimir a Nuestra Señora de Guadalupe, es de dudarse que el régimen de Calles apoyara a quien ella realmente es: la Madre de las Américas, desde Canadá hasta Argentina.

Lo que comenzó como un asunto "menor" - la manipulación del gobierno sobre quién podía registrarse como clérigo - muy pronto golpeó el corazón de la identidad Católica, al intentar introducir en su lugar algo que, a diferencia de la Iglesia Católica, no era "una, santa, católica y apostólica". Más bien, era desunida, impura, nacional en vez de universal, y que claramente rompía con la sucesión apostólica.

Al buscar eliminar la voz política del clero, el Estado politizó la religión. En un intento para imponer una división estricta entre Iglesia y Estado, el Estado hizo de la religión una arma del Estado con la misión -no de predicar a Cristo - sino de armar fuertemente a los mexicanos en una forma de Cristianismo que era puramente devocional y puramente mexicano.

Como le dijo el Presidente Calles al Obispo de Tabasco, Pascual Díaz, quien hizo un llamado a la libertad de conciencia en una reunión con respecto a éste tema, "la ley está por encima de los dictados de la conciencia".

Calles no estaba solo en esta manera de gobernar. Cruzando el Océano, en Europa, estas pretensiones fueron bien resumidas por Benito Mussolini en 1919 cuando dijo: "Todo dentro del Estado, nada fuera del Estado, nada contra el Estado".

En cada paso del camino, el Estado tuvo problemas con los obstáculos legales "menores" a los que sometió a la Iglesia cuando, para aplicar las leyes, tuvo que usar la fuerza.

Lo que es más triste todavía, es que el Estado ya había intentado este camino antes. Al darse cuenta que el tipo de Iglesia Católica que toleraría no podía ser Católica, un año antes que los católicos se levantaran en armas en la rebelión Cristera, el Estado estableció la nacionalista "Iglesia Católica Apostólica Mexicana"- con un sacerdote cismático, "el Patriarca Pérez". Esto fue el reflejo de una anterior "iglesia" estatal regida por el estado que Calles estableció cuando era gobernador, antes de su presidencia. Esencialmente el Presidente Calles estaba tratando de nacionalizar la religión, así como estaba tratando de nacionalizar la riqueza petrolera de México. La prensa internacional incluso reportó que había planes para tomar posesión de la Basílica de Nuestra Señora de Guadalupe y convertirla en el "Vaticano Mexicano" para la nacionalista "Iglesia Mexicana".

En lo que se puede ver como una prueba para cuando después el Estado tomara posesión de las Iglesias durante la Cristiada, el Estado cerró la Iglesia de la Soledad –en la ciudad de Mexico- y la convirtió a la nueva nacionalista "Iglesia Mexicana". El plan no tuvo éxito, se produjo un motín y ello obligó al gobierno a retirar al "Patriarca Pérez".

La lección de este fracaso no se perdió en el presidente Calles: lo que no puede ser remplazado, tal vez se podría alterar. A lo mejor él podría sacar la religión fuera de las plazas de México, y relegar las prácticas religiosas a altares y hogares; podría crear un gueto cultural con fuertes murallas legales. Pero la Fe no reside en los edificios, sino en la gente. Miles de personas quienes defendieron la Fe, en varias maneras durante la guerra, son testimonio de eso.

Entre aquellos que el Papa Pío XI destacó por su servicio a la Iglesia durante este tiempo difícil estuvieron los Caballeros de Colón, quienes proporcionaron un testimonio único a la Iglesia Católica en México. Como una organización Católica internacional, los Caballeros fueron un recordatorio de la internacionalidad de la Iglesia, y de la unidad de la humanidad.

Los Caballeros de Colón en México -y en Estados Unidos- entendieron este intento de suprimir la dimensión pública de la religión.

Mientras crecía la persecución en México conduciéndola a la Ley Calles, los Caballeros en México asumieron la responsabilidad de promover la labor caritativa y misionera de la Iglesia, fundando hospitales y escuelas y apoyando a grupos laicos de evangelización para difundir la Fe a aquellas personas a las que el clero no podía llegar.

Por el activismo Católico de los Caballeros de Colón y la denuncia de las restricciones religiosas, el mexicano añadió a los Caballeros en su lista de objetivos. Agentes del gobierno mexicano saquearon la sede de los Caballeros en México, prohibieron su publicación por el servicio postal, y mataron a más de 70 Caballeros incluyendo a uno que lo mataron simplemente por ser un Caballero. Además de crear una "Iglesia Mexicana" nacionalizada, los líderes del Estado también crearon un grupo alternativo a los Caballeros de Colón -Los Caballeros de Guadalupe (los cuales no tienen ninguna relación con el grupo que existe actualmente con ese nombre). A diferencia de los

Caballeros de Colón quienes defendieron a la Iglesia Católica, una de las primeras misiones de este grupo paralelo "patrocinado por Calles" fue de ayudar a tomar posesión de la Iglesia de La Soledad para el gobierno Mexicano.

Para los Caballeros de Colón, la importancia del ministerio sacerdotal nunca se perdió. De hecho, la colaboración cercana de la Orden con sacerdotes es probablemente parte de la razón por la que el gobierno mexicano los tenía en la mira. (Por lo menos 20 de los 90 sacerdotes asesinados por el gobierno durante ese período eran Caballeros de Colón, incluyendo muchos capellanes del consejo).

Muchos aspectos de la Constitución Mexicana y de la Ley Calles hicieron difícil vivir una vida Católica pública. No solamente habían expulsado a sacerdotes y cerrado monasterios, también estaba prohibido usar la vestimenta clerical en público, así como las procesiones y otras manifestaciones religiosas públicas.

Mucho de eso era secundario al fin. En Junio de 1929, el acuerdo que terminó con años de guerra sangrienta, se enfocó únicamente en la cuestión de definición ministerial.

El Estado prometió a revisar su interpretación de la ley, prometiendo no registrar o enlistar como sacerdotes a ninguno más que a los que los Obispos querían. Asimismo se haría de la vista gorda ante las expresiones públicas de la Iglesia.

Fue así de simple. La vida llena de Fe de los mexicanos hoy en día se debe a la fidelidad inflexible de aquellos quienes vivieron y defendieron a la Iglesia durante la persecución y la Cristiada. En las imágenes de triunfos y tragedias, no hay que maginar solamente las muertes. Vamos a recordar quienes fueron estas gentes. Fueron mexicanos quienes creían en un Catolicismo relevante para toda la gente, sin importar su nacionalidad, quienes creían en lo sagrado del sacerdocio, quienes creían en una Iglesia misionera, quienes creían que la Virgen de Guadalupe no era sólo de los mexicanos sino que era la Reina de todas las Américas.

Eran un pueblo que creía que era Cristo a través de la Iglesia quien llama a los hombres al sacerdocio y cambia su alma inmortal con las palabras "Eres un sacerdote para siempre" y "Haced esto en conmemoración mía". Parafraseando a Santo Tomás Moro, eran buenos servidores de México, pero primero de Dios. "¡Viva Cristo Rey!"

Carl Anderson es Caballero Supremo de los Caballeros de Colón y el co-autor del bestseller de The New York Times, Our Lady of Guadalupe: Mother of the Civilization of Love. (Nuestra Señora de Guadalupe: Madre de la Civilización de Amor).

Cristeros listos para el combate

Huicholes Cristeros

ORACIONES CRISTERAS

Oración a Cristo Rey

¡Oh Cristo Jesús!, te reconozco por Rey Universal. Todo cuanto existe ha sido creado por ti. Renuevo mis promesas del bautismo, renunciando a Satanás, a sus seducciones y a sus obras, y prometo vivir como buen cristiano. Muy en particular me comprometo a hacer triunfar, según mis medios, los derechos de Dios y de tu Iglesia.

Jesucristo, te ofrezco mis pobres acciones para obtener que todos los corazones reconozcan y vivan tu mensaje de paz, de justicia y de amor. Amén.

Himno de Combate de los Cristeros

La Virgen María es nuestra protectora y nuestra defensora cuando hay que temer,
Vencerá a los demonios gritando "¡Viva Cristo Rey!",
Vencerá a los demonios gritando "¡Viva Cristo Rey!"
Soldados de Cristo: ¡Sigamos la bandera que la Cruz enseña el ejército de Dios!
Sigamos la bandera gritando, "¡Viva Cristo Rey!"

Oración a Anacleto González Flores

¡Jesús Misericordioso! Mis pecados son más que las gotas de sangre que derramaste por mí. No merezco pertenecer al ejército que defiende los derechos de tu Iglesia y que lucha por ti. Quisiera nunca haber pecado para que mi vida fuera una ofrenda agradable a tus ojos. Lávame de mis iniquidades y límpiame de mis pecados. Por tu santa Cruz, por mi Madre Santísima de Guadalupe, perdóname, no he sabido hacer penitencia de mis pecados; por eso quiero recibir la muerte como castigo merecido por ellos. No quiero pelear, ni vivir, ni morir, sino por ti y por tu Iglesia. ¡Madre Santa de Guadalupe!, acompaña en su agonía a este pobre pecador. Concédeme que mi último grito en la tierra y mi primer cántico en el cielo sea ¡Viva Cristo Rey! Amén.

Oración a José Sánchez del Río

Oh Beato José, el más pequeño soldado de Cristo, cuyos últimos pasos sangrientos te llevaron a los brazos de la Virgen María y de Nuestro Señor, mantén sano y fuerte los pasos de los soldados de Nuestro Señor, que permanezcan aquí en la tierra de tal manera que puedan tener tu fuerza para resistir y perseverar hasta el fin. Amén.

Oración para la Novena del Beato Miguel Agustín Pro, S.J.

Beato mártir de Cristo Rey, Padre Miguel Agustín Pro.

Eres un patrón especial para aquellos quienes laboran, para los enfermos, o aquellos que sufren de depresión o desesperación. Igual eres amigo de los músicos, los cautivos, y aquellos quienes luchan por los derechos sociales. Tus amadísimos hermanos, los Jesuitas, te reverencian y te consideran entre los rangos de su Santos. Amaste a tu gente de México y a todos aquellos fieles de la Iglesia.

Agradezco al Sagrado Corazón por haberte amado tanto. Le pido a la Virgen de Guadalupe a quien tanto amaste, que interceda por la causa de tu canonización. Pido que me recuerdes en tu eterno y bien merecido júbilo y por mis necesidades (Aquí se hacen peticiones.) A través de tu valiente ejemplo y martirio has Ganado la corona de vida eternal. Recuérdame, Beato Miguel, que yo me acuerdo de ti. ¡Viva Cristo Rey! ¡Viva la Virgen de Guadalupe!

LOS SANTOS Y BEATOS DE LA CRISTIADA

San Agustín Caloca
San Atilano Cruz Alvarado
San Cristobal Magallanes
San David Galván Bermudes
San David Roldán Lara
San David Uribe Velasco
San Jenaro Sánchez Delgadillo
San Jesús Méndez Montoya
San José Isabel Flores Varela
San José María Robles Hurtado (Sacerdote)*
San Jóven Salvador Lara Puente
San Julio Álvarez Mendoza
San Justino Orona Madrigal

San Luis Batiz Sáinz (Sacerdote)*

San Manuel Morales

San Margarito Flores García

San Mateo Correa Magallanes (Sacerdote)*

San Miguel De La Mora (Sacerdote)*

San Pedro de Jesús Maldonado Lucero (Sacerdote)*

San Pedro Esqueda Ramírez

San Rodrigo Aguilar Alemán (Sacerdote)*

San Román Adame Rosales

San Sabas Reyes Salazar

San Tranquilino Ubiarco

San Toribio Romo González

Beato Anacleto González Flores

Beato Andrés Solá Molist (Sacerdote)*

Beato Ángel Darío Acosta Zurita (Sacerdote)

Beato d Ezequiel Huerta Gutiérrez

Beato Jorge Vargas González

Beato José Sánchez del Río

Beato José Trinidad Rangel Montaño (Sacerdote) *

Beato Leonardo Pérez Larios *

Beato Luis Magaña Servín

Beato Luis Padilla Gómez

Beato Miguel Gómez Loza

Beato Mateo Elías del Socorro Nieves (Sacerdote)

Beato Miguel Agustin Pro Juárez (Sacerdote)

Beato Ramón Vargas González

Beato Salvador Huerta Gutiérrez

* Indica que es miembro de los Caballeros de Colón.

ENCÍCLICAS PAPALES

INIQUIS AFFLICTISQUE
ENCÍCLICA DE S.S. PÍO PAPA XI
SOBRE LA PERSECUCIÓN RELIGIOSA EN MÉXICO
A LOS VENERABLESHERMANOS, PATRIARCAS,
PRIMADOS, ARZOBISPOS, OBISPOS Y DEMÁS
ORDINARIOS, EN PAZ Y COMUNIÓN CON LA SEDE
APOSTÓLICA.

DE LAS TRISTISIMAS CONDICIONES DEL
CATOLICISMO EN LOS ESTADOS UNIDOS
MEXICANOS
LOS VENERABLES HERMANOS, PATRIARCAS,
PRIMADOS, ARZOBISPOS, Y OBISPOS Y DEMÁS
ORDINARIOS, EN PAZ Y COMUNIÓN CON LA SEDE
APOSTÓLICA. PÍO-PAPA- XI
VENERABLES HERMANOS, SALUD Y BENDICIÓN
APOSTÓLICA:

1. A fines del año pasado, hablando en el Consistorio al Sacro Colegio de Cardenales, hicimos notar que no existía esperanza o posibilidad de un alivio de las condiciones tristes e injustas en las que se hallaba la Religión Católica en México, salvo que sea por un acto "especial de la Divina Misericordia"; y vosotros, Venerables Hermanos no tardasteis en secundar Nuestro pensamiento y Nuestros Deseos, muchas veces manifestados, exhortando a los fieles confiados a vuestros cuidados Pastorales a mover con fervorosas oraciones al Divino Fundador de la Iglesia para que Él traiga algo de alivio de la pesada carga de estos grandes males.

2.   Nosotros intencionadamente usamos las palabras "de la pesada carga de estos grandes males" para ciertos de nuestros queridos hijos mexicanos, desertores de la milicia de Jesucristo y del Padre común de todos, que han ordenado y han continuado todavía una cruel persecución contra sus propios Hermanos. Si en los primeros siglos de nuestra era y en otros períodos en la historia los cristianos fueron tratados de una manera más bárbara que ahora, sin duda, en ningún lugar o en ningún momento ha pasado antes que un pequeño grupo de hombres han indignado tanto los derechos de Dios y de la Iglesia, como lo están haciendo ahora en México, y esto sin el menor respeto por las glorias pasadas de su país, sin ningún sentimiento de piedad por sus conciudadanos. También han acabado con las libertades de la mayoría y de manera inteligente ellos han sido capaces de enmascarar sus acciones fuera de la ley con la apariencia de legalidad.

3.   Naturalmente, no deseamos que a vosotros y a todos los fieles, falte un solemne testimonio de Nuestra gratitud por las preces privadas o por las solemnidades públicas hechas con este fin. Lo más importante es, también, que estas oraciones que han sido tan poderosa ayuda para nosotros debe continuar, e incluso aumentaron, con renovado fervor. No es absolutamente cierto el poder del hombre para controlar el curso de los acontecimientos o de la historia; no las puede dirigir como él puede desear en bienestar de la sociedad, ya sea

cambiando las mentes y los corazones de sus semejantes. Tal acción, sin embargo, está dentro del poder de Dios, porque Él, sin duda, puede poner fin, si así lo desea, a las persecuciones de este tipo.

No os parezca, Venerables Hermanos, que todas sus oraciones han sido en vano, simplemente porque el Gobierno de México, en su odio implacable contra la Religión ha continuado aplicando con dureza y violencia aún mayores sus inicuos decretos. La verdad es que el clero y la multitud de los fieles han sido socorridos con más abundantes efusiones de la gracia Divina en su paciente resistencia para dar un ejemplo glorioso de heroísmo, que Nos en un Documento solemne de nuestra Autoridad Apostólica, los propusiéramos como ejemplo ante los ojos del mundo católico.

4. El mes pasado con ocasión de la beatificación de numerosos mártires de la Revolución Francesa, Nuestro pensamiento volaba espontáneamente a los católicos mexicanos, porque ellos, como los mártires, se han mantenido firmes en el propósito de resistir pacientemente a la arbitrariedad y los comandos de sus perseguidores, antes que separarse de la unidad de la Iglesia y de la obediencia a la Sede Apostólica. ¡OH gloria verdaderamente ilustre de la Divina Esposa de Cristo, que siempre en el curso de los siglos, puede contar con hijos tan nobles y generosos, prontos la lucha, dispuestos a ser encarcelados, a los padecimientos e incluso a la muerte, por la santa libertad de la Iglesia!

5. Al narrar las dolorosas calamidades de la Iglesia Mexicana, Venerables Hermanos, no empezaremos desde muy atrás para narrar las tristes calamidades que han caído sobre la Iglesia de México. Basta recordar que las frecuentes revoluciones de estos últimos tiempos, dieron lugar generalmente a trastornos y persecuciones contra la religión. Tanto en 1914 y 1915, cuando hombres que parecían tener aún algo de la antigua barbarie, se enfurecieron contra el clero tanto secular y regular, contra las vírgenes sagradas. Ellos se levantaron contra los lugares y objetos utilizados en el culto divino, de modo tan despiadado, que no perdonaron injuria, ignominia ni violencia alguna para satisfacer su manía de persecución.

6. Más tratándose de hechos notorios, contra los cuales públicamente levantamos Nuestra protesta solemne, y de los cuales habló largamente la prensa diaria, no es ésta la ocasión de alargarnos en deplorar que estos últimos años sin miramiento a razones de justicia, de lealtad y de humanidad, los Delegados Apostólicos enviados a México, hayan sido, uno arrojado del territorio mexicano, otro impedido de volver a la nación de donde había salido por breve tiempo por motivos de salud, y un tercero, no menos hostilmente tratado y obligado a retirarse. Tal modo de obrar -aun sin tener en cuenta que ninguno como aquellos ilustres personajes, hubiera sido tan apto negociador y mediador de la paz,- a nadie se oculta cuán deshonroso haya sido, así para su dignidad Arquiepiscopal y su honorífico cargo, como

especialmente para Nuestra autoridad por ellos representada.

7.   Sin duda, los acontecimientos que acabamos de citar son graves y deplorables. Pero los ejemplos de poder despótico que ahora vamos a revisar, Venerables Hermanos, están más allá de toda comparación, en contra de los derechos de la Iglesia, y lo más perjudicial, de los católicos de México.

8.   En primer lugar, examinemos ante todo las leyes dadas en 1917, que llaman Constitución Política de los Estados Unidos Mexicanos. Por lo que se refiere a nuestro asunto, proclamada la separación del Estado y de la iglesia, a esta como a persona despojada de todo honor civil, no se le reconoce ya derecho alguno y le esta prohibido adquirirlo en adelante; mientras se da facultad a las autoridades civiles de entrometerse en el culto y en la disciplina externa de la Iglesia. Los sacerdotes son considerados como profesionistas u obreros, pero con esta diferencia: que sólo deben ser mexicanos por nacimiento, y no exceder el número establecido por los legisladores de cada uno de los Estados políticos y civiles igualándolos en esto a los malhechores y a los dementes. Se prescribe además, que en unión de una comisión de diez vecinos, los sacerdotes deben informar al Presidente Municipal de su toma de posesión de un templo, o de su translación a otra parte. Los votos religiosos, las órdenes y congregaciones religiosas no están permitidos excepto en

el interior de los templos y bajo la vigilancia del Gobierno; se decreta que los templos son propiedad de la Nación; los Palacios Episcopales, las casas curales, los seminarios, las casas religiosas, los hospitales y todos los institutos de beneficencia, quedan arrebatados al dominio de la Iglesia. Esta no retiene dominio sobre cosa alguna; cuanto poseía al tiempo de ser aprobada la ley, pasa a ser propiedad de la Nación, concediéndose a todos acción para denunciar los bienes que se consideran poseídos por la Iglesia, mediante otra persona, y bastado según la Ley, para dar fundamento a la acción, la simple presunción. Los sacerdotes quedan incapacitados para adquirir por testamento, excepto en los casos de estricto parentesco. Ningún poder se reconoce a la Iglesia en cuanto al matrimonio de los fieles, y este sólo se juzga válido según el derecho civil.

9.   La educación ha sido declarada libre, pero con estas restricciones importantes: los sacerdotes y los religiosos tienen prohibido abrir o dirigir escuelas primarias. No está permitido enseñar a los niños de su religión, incluso en una escuela privada. Los diplomas o títulos otorgados por las escuelas privadas bajo el control de la Iglesia no poseen ningún valor legal y no son reconocidos por el Estado. Por cierto, Venerables Hermanos, que aquellos que aprobaron y dieron su sanción a dichas leyes, -o ignoraban que compete por derecho divino a la Iglesia, como Sociedad perfecta, fundada por Jesucristo, Redentor y Rey para la salvación común de los hombres, la plena

libertad de cumplir su misión, (aunque parece increíble tal ignorancia después de veinte siglos de cristianismo en una Nación católica y entre hombres bautizados), -o más bien, en su soberbia y demencia, creyeron que podían disgregar y echar por tierra "La casa del Señor, sólidamente construida y firmemente apoyada sobre la roca viva", -o por último, estaban poseídos de un ciego furor de dañar de todas las maneras posibles a la Iglesia. ¿Cómo era posible que los arzobispos y obispos de México permanecieran en silencio frente a esas leyes odiosas?

10.   Por esto, prontamente protestaron en una carta serena, pero enérgica; protesta ratificada después por nuestro inmediato predecesor, apoyada colectivamente por el Episcopado de algunas naciones e individualmente por la mayor parte de los Obispos de otras regiones: protesta confirmada por Nos mismo el dos de febrero de este año, es una carta de aliento dirigida a los Obispos Mexicanos. Esperaban éstos que los hombres del Gobierno, calmados poco a poco los ánimos, comprenderían a la casi totalidad del pueblo, a causa de aquellos artículos de la ley que restringían la libertad religiosa, y que, no aplicarían ninguno o casi ninguno de dichos artículos, y se llagaría entre tanto a un "modus vivendi" tolerable.

11.   Pero no obstante que, obedeciendo a sus Pastores, que los exhortaban a la moderación, se ha llegado a

perder toda esperanza de volver a la calma ya la paz, el Clero y el pueblo han dado muestras de inagotable paciencia.

En efecto, a causa de la ley promulgada por el Presidente de la República el dos de julio de este año, va casi no ha quedado libertad a ninguna a la Iglesia en aquellas regiones; y el ejercicio del ministerio sagrado se ve de tal manera impedido que se castiga, como si fuese un delito capital con penas severísimas. Es increíble, Venerables Hermanos, cuánto Nos entristece esta grande perversión del ejercicio de la autoridad pública. Cualquiera que venere, como es su obligación, a Dios, Creador y Redentor nuestro amantísimo, cualquiera que desee obedecer a los preceptos de la Santa Iglesia, ¿deberá ser por esto, por esto sólo decimos, considerado como culpable y malhechor? ¿Merecerá ser por esto privado de los derechos civiles? ¿Deberá ser encarcelado en las prisiones públicas con los criminales? ¡Oh! Cuán justamente se aplican a los autores de tales enormidades, las palabras de Nuestro Señor Jesucristo a los príncipes de los Judíos: "ésta es vuestra hora y el poder de las tinieblas". (Luc. 22-53).

12. La ley más reciente que ha sido promulgada como una mera interpretación de la Constitución es una cuestión de hecho, mucho más intolerable que la ley original, y hace el cumplimiento de la Constitución mucho más grave, si no es casi intolerable. El Presidente de la República y sus Ministros han insistido con tal ferocidad en la aplicación de estas leyes, que no toleran

que no permiten que los gobernadores, algún magistrado o comandante militar, modere en lo más mínimo los rigores de la persecución de la Iglesia Católica. Y a la persecución se ha añadido el insulto. Se suele poner en ridículo a la Iglesia, ante los ojos del pueblo, ya en el Congreso, pronunciando las mentiras más descaradas en las asambleas públicas, mientras se impide a los nuestros con silbidos y con injurias, hablar en contra de los calumniadores; ya por medio de periódicos hostiles, enemigos declarados de la verdad y de difamar la "Acción Católica".

13. Si, al comienzo de la persecución, los católicos fueron capaces de hacer una defensa de su religión y de la Iglesia, exponiendo la verdad o refutando los errores, ahora no se permite ya a éstos ciudadanos que aman a su país tanto como los demás ciudadanos hacen, a levantar sus voces en protesta. Como cuestión de hecho, no se les permite expresar su pesar por los daños causados a la fe de sus padres y para la libertad de culto divino. Nosotros, sin embargo, profundamente conmovidos por la conciencia de nuestro de los deberes que nos impone nuestro oficio apostólico, clamamos al cielo, para que todo el mundo católico puede escuchar de los labios del Padre común, cuál ha sido, por una parte, la desenfrenada tiranía de los adversarios de la Iglesia, por el otro el de la heroicidad de las virtudes y la constancia de los Obispos, de los sacerdotes, de las congregaciones religiosas y de los laicos de México.

14. Todos los sacerdotes y religiosos extranjeros han sido expulsados del país; los colegios destinados a la instrucción cristiana de los niños y de las niñas han sido clausurados por llevar algún nombre religioso, o porque poseían alguna estatua o imagen sagrada; han sido clausurados igualmente muchos seminarios, escuelas, conventos y casas relacionadas con la Iglesia. En prácticamente todos los estados de la República el número de sacerdotes que pueden ejercer el sagrado ministerio ha sido limitado y fijado al mínimo. Y aun éstos, no lo pueden ejercitar, a menos que hayan previamente registrado ante las autoridades civiles u obtienen de ellos el permiso. En algunas partes se han puesto tales condiciones al ejercicio del ministerio, que si no se tratase de cosa tan lamentable, moverían a risa. Por ejemplo, que los sacerdotes deben tener determinada edad determinada por la ley, estar unidos por el llamado matrimonio civil, y no pueden bautizar sino sólo con agua corriente. En uno de los Estados de la federación, se decretó que no hubiese más que un Obispo dentro de los confines de ese Estado, por lo cual sabemos que dos Obispos tuvieron que salir desterrados de sus propias Diócesis. Obligados por las circunstancias, otros Obispos tuvieron también que alejarse de su propia Sede; algunos fueron llevados a los tribunales: varios fueron arrestados y los demás están a punto de serlo.

15.   A todos los mexicanos que atendían a la educación de la infancia o de la juventud, o que ocupaban otros

puestos públicos, han recibido la orden de dar a conocer públicamente si aceptan las políticas del presidente y aprueban la guerra que ahora se está librando en la Iglesia Católica. La mayoría de estas mismas personas se vieron obligadas, bajo amenaza de perder sus puestos, para tomar parte, junto con el ejército y los hombres que trabajaban, en un desfile patrocinado por la Confederación Regional de los Trabajadores de México, una organización socialista. Este desfile tuvo lugar en la Ciudad de México y en otras ciudades de la República en el mismo día. Fue seguido por discursos impíos a la población. Todo el procedimiento fue organizado para obtener, por medio de estas protestas públicas los aplausos de los que tomaron parte en ella, y, al despotricar todo tipo de abusos en la Iglesia, la aprobación popular de los actos del Presidente.

16.	Pero la saña cruel de los enemigos no se detuvo. Hombres y mujeres que defendían la causa de la Religión y de la Iglesia, de viva voz o distribuyendo hojas y periódicos, han sido llevados a los tribunales, y puestos en prisión. Han sido puestos en la cárcel cabildos enteros de canónigos, transportando en camilla a los ancianos; han sido impíamente asesinados sacerdotes y seglares en las calles y en las plazas y delante de las Iglesias. ¡Quiera Dios que los que tienen la responsabilidad de tantos y tan graves delitos, entren por fin dentro del, y recurran con arrepentimiento y con llanto, a la misericordia de Dios ¡estamos persuadidos que ésta es la venganza nobilísima que nuestros hijos únicamente asesinados piden ante Dios para los que les dieron la muerte!

17. Creemos ahora conveniente, Venerables Hermanos, exponernos con brevedad de que modo han resistido Los Obispos, sacerdotes y fieles de México, oponiendo una muralla en defensa de la Casa de Israel, y permaneciendo firmes en la lucha (Ezeq. 13-5).

18. No podíamos dudar que los Obispos intentarían unánimemente los medios a su alcance para defender la libertad y la dignidad de la Iglesia. En efecto, divulgaron una a Carta Pastoral Colectiva al pueblo, en la que después de demostrar hasta la evidencia que el Clero se había mostrado siempre amante de la paz, prudente y paciente con los Gobernantes de la República, y harto tolerantes de las leyes poco justas; amonestaron a los fieles, -explicándoles y exponiéndoles la doctrina de la Constitución Divina de la Iglesia, -que debían perseverar en la Religión Católica, "obedeciendo a Dios antes que a los hombres", (Hechos 5-29) siempre que se impusieran leyes no menos contrarias al concepto mismo y nombre de Ley, que repugnantes a la Constitución y a la vida misma de la Iglesia.

19. Promulgada después por el Presidente de la República la nefasta Ley antes dicha, declararon con otra carta Colectiva de propuesta, que el aceptar semejante Ley, era lo mismo que entregar a la Iglesia esclavizada en

manos de los Gobernantes del Estado, los cuales por lo demás, evidentemente no habrían desistido con esto, de su intento: que preferían más bien abstenerse del ejercito público del ministerio sagrado y que por lo tanto el culto divino que no pudiera celebrarse sin intervención del sacerdote, debería suspenderse por completo en todos los templos de sus Diócesis, desde el último día de julio, en el cual entraba en vigor dicha Ley. Por otra parte, ya que las autoridades civiles habían ordenado que todas las iglesias deben ser entregados al cuidado de los laicos, elegidos por los alcaldes de los diferentes municipios, y de ningún modo a aquellos que fuesen nombrados por los Obispos o Sacerdotes, se transfirió así la posesión de los templos de la autoridad Eclesiástica a la Civil; y por tanto los Obispos, casi en todas partes, prohibieron a los fieles aceptar la elección que de ellos hiciese la Autoridad Civil, y entrar en aquellos templos que habían dejado de estar en manos de la Iglesia. En algunas partes, según las circunstancias, se hicieron otros arreglos.

20.   Con todo esto, no creáis Venerables Hermanos, que los Obispos Mexicanos hayan descuidado oportunidad u ocasión alguna que se les ofreciese para apaciguar los ánimos y conducirlos a la concordia, por más que desconfiasen, o más bien desesperasen de obtener un resultado favorable. Consta en efecto que los Obispos que en la Ciudad de México fungen como representantes de sus colegas, dirigieron una carta sumamente cortés y respetuosa al Presidente de la República, en favor del Sr.

Obispo de Huejutla, que había sido conducido preso de modo indigno y con gran aparato de fuerza a la ciudad de Pachuca; y no es menos notorio que al Presidente les respondió en forma iracunda y odiosa. Habiéndose ofrecido después algunas personas de representación, amantes de la paz, a interponer su mediación para que el Presidente mismo entrase en pláticas con el Arzobispo de Morelia y el Obispo de Tabasco, se discutió mucho y largo tiempo por ambas partes, pero sin fruto. Enseguida los Obispos deliberaron si propondrían a las Cámaras Legislativas la abrogación de las Leyes que se oponían a los derechos de la Iglesia, o si continuarían simplemente como hasta entonces, en la resistencia pasiva frente a estas leyes. Por muchas razones les parecía que no daría resultado alguno el presentar una solicitud semejante al Congreso. Presentaron sin embargo dicha petición muy bien redactada por los católicos más competentes en el conocimiento del derecho y ponderada diligentemente por los mismos Prelados; petición que fue suscrita por diligencia de la Liga Defensora de la Libertad Religiosa, de que después hablaremos por muchísimos ciudadanos, tanto hombres como mujeres.

21.   Más los Obispos, habían previsto bien lo que iba a suceder, ya que el Congreso Nacional rechazó por el sufragio de todos los diputados menos uno, la petición propuesta, alegando que los Obispos estaban privados de personalidad jurídica por haber acudido al Sumo Pontífice en busca de consejo y tenían demostrado que

son renuentes a reconocer las leyes de México. ¿Qué cosa quedaba ya por hacer a los Obispos, sino declarar que no se mudaría nada en su actitud y en la del pueblo mientras no se quitasen tan injustas leyes? Las autoridades civiles de México abusando de su poder y de la admirable paciencia del pueblo podrán amenazar el clero y pueblo mexicano con peores males; pero, ¿Cómo podrán vencer a hombres dispuestos a sufrirlo todo antes que consentir en cualquier arreglo que pudiera ser dañoso a la causa de la libertad de la Iglesia?

22. Esta admirable constancia de los Obispos, la imitaron y copiaron en sí maravillosamente los sacerdotes en las variadas y difíciles circunstancias en que se hallaban. Este ejemplo de extraordinaria virtud, por su parte ha sido un gran consuelo para nosotros. Nos han hecho saber a todo el mundo católico y los alabamos, "porque son dignos de ello". (Apoc. 34). Y en este contexto especial, -considerando que en México los adversarios han usado toda clase de engaños y han echado mano de todos los ardides y vejaciones posibles con el fin de enajenar tanto a los sacerdotes y personas de su lealtad a la jerarquía y de esta Sede Apostólica y que sin embargo, de entre los sacerdotes, que se elevan al número de cuatro mil, solamente uno o dos han faltado miserablemente a su santo oficio – nos parece que no hay nada que podamos esperar del Clero mexicano!

23. Como cuestión de hecho, vemos a los ministros sagrados estrechamente unidos entre sí y obedeciendo

reverentemente y de buena gana los mandatos de sus Prelados, aun cuando por lo general no puedan hacerlo sin grave peligro. Vemos que teniendo necesidad de vivir del ministerio sagrado, siendo pobres y no teniendo la Iglesia con qué sustentarlos, sin embargo sufren sin quejarse su pobreza y necesidad, celebrando privadamente el Santo Sacrificio; atendiendo según sus fuerzas a las necesidades espirituales de los fieles y alimentando y despertando en todos a su alrededor el fuego santo de la piedad. Los vemos además levantar con su ejemplo, con sus consejos y exhortaciones el ánimo de sus ciudadanos confirmándolos en sus propósitos de perseverar pacientemente. ¿Quién se admirará pues de que la ira rabia de los enemigos se haya vuelto primaria y principalmente contra los sacerdotes? ¡Ellos en cambio, cuando se ha ofrecido ocasión no han dudado en ofrecerse con rostro sereno y ánimo esforzado a la cárcel y a la misma muerte! Pero lo que se nos ha anunciado en estos últimos días sobrepasa las inicuas leyes de que antes hicimos mención, y raya en el colmo de la impiedad; pues se ataca de improviso a los sacerdotes que celebran en casa propia o ajena se viola torpemente la Sagrada Eucaristía, y se conduce a los ministros sagrados a las cárceles.

24.   Nunca alabaremos bastante a los animosos fieles de México, que han comprendido bien cuánto les interesa que su católica Nación en las cosas más santas y de mayor importancia -como son el culto de Dios y la libertad de la

Iglesia y el cuidado de la eterna salud de las almas- no esté pendiente del capricho y audacia de unos pocos, sino se vea finalmente por la benignidad de Dios, gobernada por leyes conformes al derecho natural, divino y eclesiástico.

25. Debemos tributar muy singulares alabanzas a las Asociaciones Católicas que en estas circunstancias están al lado del Clero como cuerpos militares de defensa: ya que los miembros de ellas, en cuanto es de su parte no sólo proveen al sustentamiento y al socorro de los sacerdotes, sino también cuidan los edificios sagrados, enseñan la doctrina cristiana a los niños, y como centinelas están de guardia para dar aviso a los sacerdotes a fin de que ninguno quede privado de auxilios espirituales. Y esto se refiere a todos en general; pero queremos decir algo en particular de las principales asociaciones para que cada una sepa que es grandemente aprobada y del Vicario de Jesucristo.

26. Primero de todo, hablar de la Asociación de los Caballeros de Colón, que se extiende por toda la República, y que se compone afortunadamente de hombres activos y trabajadores que se distinguen mucho por la experiencia, por la franca profesión de la fe y por el celo en ayudar a la Iglesia. Esta sociedad especialmente ha cooperado a dos obras que son de grandísima oportunidad en estos tiempos, a saber: -la Unión Nacional de Padres de Familia, cuyo programa es educar

católicamente a sus propios hijos, revindicar el derecho propio de los padres cristianos de instruir libremente a su prole y cuando ésta frecuenta las escuelas públicas, de darle una sana y completa instrucción religiosa; -y la Liga Defensora de la Libertad Religiosa, instituida precisamente cuando era más claro que la luz que un cúmulo inmenso de males amenazaba a la vida católica. Los miembros de esta Liga que se ha propagado por toda la República. Esta Federación se extendió rápidamente a todas las partes de la República. Sus miembros intentaron, trabajando en armonía y con asiduidad, para organizar e instruir a los católicos a fin de que sería capaz de presentar un frente unido irresistible a sus adversarios.

27.   Del mismo modo que los Caballeros de Colón, han merecido y merecen bien de la Iglesia y de su Patria, otras dos asociaciones que dedican especial atención, según sus estatutos, a la "Acción Social Católica". Una de ellas es la Asociación Católica de la Juventud Mexicana y la Unión de Damas Católicas Mexicanas. Una y otra, además de lo que es propio de cada una de ellas, en particular cuidado de secundar y hacer que sean secundadas en todas partes las iniciativas de la mencionada Liga Defensora de la Libertad Religiosa. Y en este punto Nos es imposible descender a hechos singulares: pero Nos place daros a conocer, Venerables Hermanos, una sola cosa, y es, que todos los socios y socias de estas asociaciones, están tan ajenos a todo miedo, que lejos de huir buscan los peligros y aún se gozan cuando les toca sufrir malos tratamientos

de los adversarios. ¡Oh espectáculo hermosísimo dado al mundo, a los ángeles y a los hombres! ¡Hechos dignos de eterna alabanza! Pues, como arriba insinuamos, no son pocos los Caballeros de Colón, los Jefes de la Liga, las damas y los jóvenes que han sido aprehendidos, conducidos por las calles entre soldados encerrados en inmundas prisiones, ásperamente tratados y castigados con penas y con multas.

Más aún. Venerables Hermanos, algunos de estos jóvenes y adolescentes -y al decirlo no podemos contener las lágrimas-, con el rosario en la mano y la invocación a Cristo Rey en los labios, han encontrado voluntariamente la muerte. Jovencitas, también, fueron encerradas en la cárcel, se les han hecho los más indignos ultrajes, y estos se han divulgado de propósito para intimidar a las demás y hacerlas faltar a su deber con la Iglesia.

28.   Cuándo el benignísimo Dios se dignará, Venerables Hermanos, poner término a tantas calamidades, ninguna previsión humana puede conjeturarlo. Sabemos, sin embargo, que vendrá finalmente un día en que la Iglesia Mexicana descansará de la tempestad de odios, porque "no hay sabiduría, no hay prudencia, no hay consejo contra el Señor" (Prov. 21-30), "las puertas del infierno no prevalecerán" contra la Inmaculada Esposa de Cristo. (Mat. 16-18).

29.   En verdad, la Iglesia destinada a la inmortalidad, desde el día de Pentecostés en que por primera vez salió

rica de dones y de luces del Espíritu Santo del recinto del Cenáculo a la faz de todos los hombres, ¿qué otra cosa ha hecho en los veinte siglos transcurridos y entre todas las naciones sino "esparcir el bien por todas partes" (Hechos 10-38), a ejemplo de su Fundador? Ahora bien, estos beneficios de todo género deberían haber conciliado a la Iglesia el amor de todos, pero la tocó lo contrario, según lo había ya anunciado ciertamente el Divino Maestro (Mat. 10-17-25). Por esto, la navecilla de Pedro unas veces navega feliz y gloriosamente a favor de los vientos, y otras parece dominada por las olas y casi sumergida; pero ¿no está acaso gobernada por el Divino Piloto que a su tiempo calmará las iras de los vientos y de las olas? Por otra parte, Cristo que todo lo puede, hace que las persecuciones con que es vejado el nombre cristiano, sirvan para utilidad de la Iglesia, pues según S. Hilario, "propio es de la Iglesia vencer cuando es perseguida, brillar en las inteligencias cuando se la impugna, conquistar cuando es abandonada". (S. Hilario de Poitiers *"De Trinitate"* 1-VII, No. 4)

30.   Si todos aquellos que en la que vasta extensión de la República Mexicana se enfurecen contra sus mismos Hermanos y conciudadanos, reos únicamente de observar la Ley de Dios, trajesen a la memoria y considerasen desapasionadamente la historia de su Patria no podrían menos de reconocer y confesar que todo cuanto hay en su misma Patria de progreso y de civilización, todo cuando hay de bueno y de bello, tiene indudablemente su origen

en la Iglesia. Nadie ignora en efecto, que fundado ahí el cristianismo, los sacerdotes, y los religiosos particularmente, que ahora son tratados con tanta ingratitud y perseguidos con tanta crueldad se entregaron con inmensas fatigas, no obstante las graves dificultades que les oponían, por una parte los colonos devorados por la fiebre de oro y por la otra los mismos indígenas aún bárbaros, a promover con grandes trabajos, tanto el esplendor del culto divino y los beneficios de la fe católica como las obras o instituciones de caridad, y hacer que abundaran en aquellas extensas regiones las escuelas y los colegios para la instrucción y educación del pueblo en las letras y ciencias sagradas y profanas, en las artes y en las industrias.

31.   Sólo Nos resta, Venerables Hermanos, implorar y suplicar a Nuestra Señora María de Guadalupe, celestial Patrona de la nación mexicana, que, perdonadas las injurias contra ella misma cometidas, alcance con su intercesión a su pueblo las bendiciones de la paz y la concordia; y, si por secretos designios de Dios, aun está lejano este deseado día, que llene de toda clase de consuelos los pechos de los fieles mexicanos y los conforte para seguir luchando por la libertad de profesar su religión.

32.   Entre tanto, como auspicio de las gracias divinas, y testimonio de Nuestra paternal benevolencia, a vosotros, Venerables Hermanos, a aquellos que especialmente que

gobiernan las Diócesis Mexicanas, a todo el Clero y pueblo vuestro, impartimos de corazón la bendición apostólica.

Dado en Roma, junto a San Pedro, el 18 de Noviembre de 1926, en el año quinto de nuestro Pontificado.

PAPA PÍO XI

ACERBA ANIMI

SOBRE LA PERSECUCIÓN DE LA IGLESIA DE MÉXICO
A NUESTROS VENERABLES HERMANOS DE MÉXICO, ARZOBISPOS, OBISPOS, Y ORDINARIOS, EN PAZ Y COMUNIÓN CON LA SEDE APOSTÓLICA

1. Preferente preocupación por México. La preocupación y tristeza espiritual que nos oprime el ánimo por la tristísima situación de la sociedad humana en general, de ninguna manera disminuye nuestra solicitud especial para nuestros amados hijos de la nación mexicana y para vosotros,Venerables Hermanos, dignísimos de Nuestros cuidados paternales, puesto que hace tanto tiempo sois víctimas de tan acérrimas persecuciones.

2. Recuerdo del pasado. De ahí que desde que comenzó Nuestro Pontificado, siguiendo las huellas de Nuestro inmediato Predecesor, por todos los medios y con todo interés Nos hemos esforzado a fin de que los que llaman preceptos "constitucionales" no se llevaren funestamente a la práctica; los cuales preceptos, que la Santa Sede en varias ocasiones había sido obligado a condenar con la misma seriedad un insulto a los más elementales e inalienables derechos de la Iglesia y de los fieles. No pudimos menos de condenarlos y reprobarlos repetidas veces, cuando la ocasión se presentaba, y

137

precisamente por ello Nos placía que no dejara de haber un representante nuestro en vuestra República.

3. Agravios a la Santa Sede. Y si últimamente a la mayoría de los jefes de los demás Estados se les ha visto reanudar con nuevo interés amistosas relaciones diplomáticas con la Sede Apostólica, en cambio, los gobernantes de la República Mexicana no sólo se han empleado en cerrar toda vía de transacción para una conciliación mutua, sino que, aun infringiendo y violando las promesas dadas hacía poco por escrito, contra lo que todos esperaban y demostrando, por tanto, suficientemente cuáles eran sus opiniones y propósitos con la Iglesia, más de una vez expulsaron a Nuestros Representantes y mostrando con ello su animosidad contra la Iglesia. De este modo, pues, se llegó a aplicar una aplicación más rigurosa fue dada en el artículo 130 de la Constitución; ley contra la cual, detestándola y lamentándola, reclamamos solemnemente en la Carta Encíclica "Iniquis afflictisque" del 18 de Noviembre de 1926, como sumamente contraria a la Religión Católica.

4. Restricción para los sacerdotes. Asimismo se han promulgado gravísimas penas contra aquellos que infringieron ese capítulo de tal ley, y con nueva e injusta ofensa a la Jerarquía dela Iglesia se dispuso se dispuso que todos los Estados de la Confederación deben determinar el número de sacerdotes facultados para

ejercer el ministerio sagrado, tanto en público o en privado.

Firmeza de los obispos y su expatriación. Al crearse injusta e intolerantemente esta situación, que somete a la Iglesia de México a la autoridad civil y al arbitrio de unos gobernantes hostiles a la Religión Católica, Vosotros, Venerables Hermanos, decretasteis que se interrumpieran públicamente los servicios del culto divino; y al mismo tiempo obligasteis en cierto modo a todos los fieles cristianos para que eficazmente reclamasen contra semejantes incalificables disposiciones. Mas por vuestra apostólica fortaleza de ánimo y constancia, expatriados casi todos vosotros, habéis admirado desterrados, y como si lo contemplaseis de lejos, las santas luchas y martirio de vuestro clero y grey; y en cuanto a aquellos de vosotros —poquísimos en número— que pudieron casi prodigiosamente permanecer ocultos en sus respectivas diócesis, no poco consuelo y esfuerzo han dado al pueblo cristiano con el ejemplo de su nobilísima firmeza.

Elogio anterior y exhortación presente a la firmeza. Sobre estas cosas Nos hemos hablado en alocuciones y discursos pronunciados, y más detenida y claramente en la Carta Encíclica "Iniquis afflictisque" (Pío XI Encíclica Iniquis Afflictisque, 18-XI-1926; AAS. 18, (1926) 465-477) que antes citamos, congratulándonos principalmente de que la egregia conducta del clero —cuando administraba los Sacramentos a los fieles no sin peligro de la propia vida— y los hechos heroicos de muchos seglares —

cuando con increíbles y nunca oídos trabajos sufridos con fortaleza, y cuando con gran detrimento de sus bienes, gustosamente han acudido en auxilio de los sagrados ministros con esplendidez— han producido profunda admiración en todo el orbe de la tierra.

5. Y entre tanto, no nos hemos abstenido de promover con la palabra y consejo la resistencia legítima Cristiana de los sacerdotes y de los fieles, exhortándoles exhortándoles asimismo para que de tal modo aplaquen con oraciones y penitencias la justicia de la sempiterna Deidad, que cuanto antes el providentísimo y misericordiosísimo Dios se sirva benignamente dar alivio y fin a estas persecuciones, que en su providente misericordia Él podría acortar el tiempo de la prueba.

La acción papal: Oraciones, colectas y buenos oficios. Al mismo tiempo invitamos a nuestros hijos en todo el mundo a unir sus oraciones a las nuestras en nombre de sus hermanos en México; y fue maravilloso el ardor y toda despreocupación con la que respondieron a nuestro llamamiento. Tampoco descuidamos a recurrir además de los medios humanos a nuestro alcance, a fin de dar asistencia a nuestros amados hijos. Mientras que frente a nuestro llamamiento a todo el mundo Católico para que proporcione ayuda, a las almas generosas, y a sus hermanos mexicanos. Instamos a los gobiernos con los que nos unen lazos de amistad para que no se negasen a considerar la anormal y gravísima situación de tantos fieles cristianos.

6. Ante la firme y generosa resistencia generosa de los oprimidos, el Gobierno ya comenzó a dar indicios de diversos modos que no sería contrario a la llegada de un acuerdo, aunque sólo sea para poner fin a un estado de cosas que no podían darse en su propio beneficio. Con lo cual, aunque enseñados por experiencias dolorosas para poner la confianza en esas escasas promesas, nos sentimos obligados a preguntarnos si era por el bien de las almas prolongar la suspensión del culto público. Dicha suspensión había sido de hecho una protesta efectiva contra la interferencia arbitraria del Gobierno; sin embargo, su continuidad podría haber perjudicado seriamente el orden civil y religioso. De un peso aún mayor fue la consideración de que esta suspensión, de acuerdo a los graves informes que hemos recibido de varias fuentes y libres de toda sospecha, fue productiva de algún perjuicio grave para los fieles.

Gestiones de pacificación y levantamiento del entredicho. Las razones. Cuando éstos fueron privados de ayudas espirituales necesarias para la vida cristiana, y no pocas veces se vieron obligados a omitir sus deberes religiosos, se corría el riesgo de permanecer aparte de la primera y después de estar completamente separado del sacerdocio, y en consecuencia de las mismas fuentes de la vida sobrenatural. Para esto hay que añadir el hecho de que la prolongada ausencia de casi todos los obispos de sus diócesis no podía dejar de llevar a cabo una relajación de la disciplina eclesiástica, especialmente en estos tiempos de gran tribulación para la Iglesia mexicana, al clero y el pueblo tenía necesidad particular de la guía de aquellos "a quienes el Espíritu Santo ha colocado para gobernar la Iglesia de Dios" (Hechos, 20, 28).

7. Esperanzas fallidas. Por consiguiente, cuando en el año 1929 el presidente de la República mexicana declaró públicamente que no era su propósito destruir la "identidad de la Iglesia" con la aplicación de las citadas leyes, ni menospreciar la Jerarquía Eclesiástica, nosotros, teniendo en cuenta solamente la salvación de las almas, juzgamos que de ningún modo se había de renunciar a este o cualquier otro medio de reintegrar a su dignidad la Jerarquía eclesiástica debida reconocida. Es más, aún consideramos que debíamos pensar si sería oportuno, puesto que brillaba alguna esperanza de remediar males más graves y puesto que parecían alejarse aquellas causas principales que movieron a los Obispos a juzgar que los servicios públicos del culto divino debían suspenderse, renovarlos por el momento. Con lo cual no no había intención nuestra de aceptar ni aprobar aceptar las normas mexicanas de culto, ni de tal modo retractarnos de las reclamaciones hechas en contra de las mismas, que decretásemos no haber ya por qué se resistiese y atacase a dichas leyes todo lo posible. Era simplemente una cuestión de abandono, a la vista de las nuevas declaraciones del Gobierno, uno de los métodos de resistencia, antes de que pudiera hacer daño a los fieles, y en lugar de recurrir a otros que se consideren más oportunos.

8.   Viola el Estado mexicano las estipulaciones. Lamentablemente, de todos es sabido que la tan esperada paz y conciliación no respondió a Nuestros deseos y votos. Porque, violadas palpablemente las condiciones estipuladas en la conciliación, de nuevo se encarnizaron contra los Obispos, sacerdotes y fieles cristianos, castigándolos con penas y cárceles; y con la mayor tristeza vimos que no sólo no se llamaba del destierro a todos los Obispos, sino que más bien aun de aquellos que gozaban del beneficio de seguir en la patria, algunos, con desprecio de las cláusulas legales, eran expulsados de sus confines; que en no pocas diócesis los templos, los seminarios, los palacios episcopales y demás edificios sagrados no habían sido en modo alguno dedicados de nuevo a su uso propio; finalmente, que, con desprecio de las indubitables promesas hechas, muchos clérigos y seglares que habían defendido valientemente la fe de sus mayores eran entregados a la envidia y odio disimulado de sus enemigos.

Calumnias. Además, no bien cesó la suspensión pública del culto divino, sobrevino y se generalizó una acérrima campaña de calumnias por parte de los editores contra los sagrados ministros, contra la Iglesia y contra el mismo Dios, y todos saben que la Sede Apostólica creyó era deber suyo reprobar y proscribir una de esas publicaciones que por su más criminal impiedad y por su manifiesto propósito de concitar por medio de calumnias el odio contra la Religión, había radicalmente sobrepasado toda clase de límites.

9.   Escuelas y la enseñanza religiosa. Añádase a esto que no sólo en las escuelas donde se enseñan los elementos del saber prohíbe la ley que se expliquen los preceptos de la doctrina católica, sino que aun a menudo se incita en ellas a los que tienen el cargo de educar a la niñez a que se esfuercen en formar las almas de los jóvenes en los errores y disolventes costumbres de la impiedad; lo que obliga a los padres a hacer pesados sacrificios con el fin de salvaguardar la inocencia de sus hijos. Bendecimos con todo nuestro corazón a estos padres cristianos, madres de familia e igualmente a los buenos maestros que celosamente los auxilian en este asunto, e instamos a vosotros, Venerables Hermanos, al clero secular y regular, y sobre todos los fieles cristianos, para que no dejéis de preocuparos, según sea posible, de la cuestión de las escuelas y de la educación de la juventud, teniendo principalmente presente a la masa del pueblo, la cual, estando más en contacto con la doctrina tan amplísimamente propagada de los ateos, masones y comunistas. Y estad persuadidos de que vuestra patria será sin duda, en lo futuro, tal como, educando debidamente a los jóvenes, la hayáis hecho vosotros.

10.   Lucha contra el clero. El número clauso. "Modus vivendi". Y se ha luchado rudísimamente contra el punto de mayor importancia del que dimana la vida misma de toda la Iglesia, a saber: contra el Clero, contra la Jerarquía católica, con el designio precisamente de que poco a poco desaparezca del seno de la República. Pues aunque

proclame la Constitución del Estado mexicano que los ciudadanos tienen la libre facultad de opinar lo que quieran, de pensar y creer lo que gusten; sin embargo — como frecuentemente, cuando la ocasión se ha presentado lo hemos lamentado— con manifiesta discrepancia y contradicción dispone que cada uno de los Estados federados de la República señalen y designen un número fijo de sacerdotes, a los que se permita ejercer su ministerio y administrarlo al pueblo, no sólo en los templos, sino a domicilio y en el recinto de las casas. Lo cual resulta tanto más gravemente un enorme crimen por los procedimientos y maneras como se está aplicando esta ley. Porque si la Constitución manda que los sacerdotes no pasen de cierto número, prevé, sin embargo, que no vayan a ser insuficientes en cada región para las necesidades del pueblo católico; y en modo alguno prescribe que en éste asunto se desprecie a la Jerarquía eclesiástica; lo cual, por lo demás, se reconoce y comprueba paladina e indiscutiblemente en el Pacto que se llama "modus vivendi". Ahora bien, en el Estado de Michoacán se ha decretado que sólo haya un sacerdote para 33.000 fieles cristianos; en el de Chihuahua, uno para 45.000; en el de Chiapas, uno para 60.000, y finalmente, en el de Veracruz uno sólo para 100.000. Con todo, no hay quien no vea que de ningún modo se puede, con semejantes restricciones, administrar los Sacramentos al pueblo cristiano, que de ordinario vive en dilatadísimas regiones. Y sin embargo, los perseguidores, como arrepentidos de su excesiva condescendencia, han impuesto cada vez más restricciones: no pocos seminarios cerrados por algunas autoridades de los Estados, casas parroquiales nacionalizadas y en muchos lugares se han señalado los templos en los que únicamente, ni más allá de los límites del territorio que se determina, puedan los sacerdotes, aprobados por la autoridad civil, celebrar el culto divino.

Persecución de la Jerarquía. Ahora bien, lo que las autoridades de algunos Estados han ordenado: que cuando los eclesiásticos usen de su facultad de ejercer su ministerio no tienen los empleados públicos que guardar respeto alguno a ninguna Jerarquía; es más: que a todos los Prelados, esto es, a los Obispos y aun a los que ostenten el cargo de Delegado Apostólico se les prohíbe completamente esa facultad, pone patentemente de manifiesto que quieren destruir y arrasar la Iglesia católica.

11.   La manifestación más clara de la voluntad de destruir a la Iglesia católica es en sí mismo, sin embargo, una declaración expresa, publicada en algunos Estados, que la autoridad civil, en la concesión de la licencia para el ministerio sacerdotal, no reconoce la jerarquía, por el contrario, se excluye de manera positiva la posibilidad de ejercer el ministerio sagrado todos los de rango jerárquico - es decir, todos los obispos e incluso aquellos que han ocupado el cargo de Delegados Apostólicos.

12.   Brevemente hemos querido hasta aquí recordar, recorriendo sus principales aspectos, la durísima situación de la Iglesia mexicana, para que todos aquellos que se

interesan por el buen régimen y paz de los pueblos, considerando que esta persecución, en absoluto incalificable, no se diferencia mucho, sobre todo en algunos Estados, de la que se ensaña dentro de las infelices regiones de Rusia, reciban de esta abominable conjura nuevo entusiasmo con que se opongan como dique a ese fuego devastador de todo orden social.

Reglas prácticas que se dieron anteriormente por la Secretaría de Estado. Así también deseamos daros testimonio una vez más a vosotros, Venerables Hermanos, y a los hijos queridos de la nación mexicana, de Nuestro paternal interés, con el que os seguimos con la vista a vosotros todos aquejados con penas; de este interés Nuestro precisamente emanaron aquellas normas que dimos por conducto de Nuestro querido Hijo el Cardenal Secretario de Estado, en el pasado mes de enero, y que igualmente os comunicamos por medio de Nuestro Delegado Apostólico. Porque como se trata de un asunto íntimo relacionado con la Religión, tenemos ciertamente el derecho y el deber de decretar unos procedimientos y normas más adecuadas, que todos quienes se glorían del nombre de católicos no pueden menos de obedecer.

Sanciones eclesiásticas mitigadas. Y justo es que aquí Nos declaremos claramente que con atención penetrante y quieta inteligencia hemos meditado todos aquellos avisos y consejos que ya la Jerarquía eclesiástica, ya los seglares Nos habían enviado; todos, decimos, aun aquellos que parecían pedir se volviera, como antes, en año 1926, a un sistema más severo de resistencia, suspendiendo públicamente de nuevo en toda la República los actos del culto divino.

13.   En lo que se refiere, pues, al modo de proceder, como los sacerdotes no se hallan tan coartados en todos los Estados, ni en todas partes se halla tan abatida la autoridad y dignidad de la Jerarquía eclesiástica, se deduce de ello que, así como de distinto modo se llevan a la práctica estos infaustos decretos, no debe ser, en manera alguna, semejante la manera de proceder de los fieles de la Iglesia de Cristo.

Elogio de la prudencia. En lo cual estimamos ser realmente de justicia el honrar con especiales alabanzas a aquellos Obispos mexicanos que, como sabemos por noticias llegadas a Nos, han expuesto con la mayor diligencia las normas repetidamente dadas por Nos, lo que Nos place declarar abiertamente aquí porque si algunos —impulsados por el deseo de defender su propia fe más que por una exquisita prudencia en estos difíciles asuntos— por las diversas maneras de proceder de los Obispos, según las distintas circunstancias locales, han sospechado que había en ellos designios contrarios a los suyos, estén completamente persuadidos de que semejante censura está completamente desprovista de todo fundamento.

Mayor clamor y reclamaciones contra las leyes injustas. Sin embargo, cualquiera limitación del número de sacerdotes no puede menos de ser una grave violación de los derechos divinos, es necesario que los Obispos y el grupo restante de clérigos y seglares reclamen combatiendo y reprobando por todos los medios legítimos esta reclamación contra las autoridades públicas. Ello, no obstante, convencerá por completo a los cristianos, en especial a las personas sin educación, de que las autoridades civiles, con su actuación, pisotean la libertad de la Iglesia, de la que Nos, aunque arrecie la violencia de los perseguidores.

14.   Y, por lo tanto, así como con gran consuelo espiritual hemos leído varias reclamaciones que han formulado los Obispos y sacerdotes de diócesis, víctimas de estas leyes inicuas, así Nos hemos añadido la Nuestra ante todo el orbe de la tierra, y de un modo especial ante aquellos que llevan los timones de los Estados, para que alguna vez por fin consideren que esta laceración del pueblo mejicano no sólo injuria gravemente a la eterna Deidad —oprimiendo a su Iglesia y a los fieles cristianos vulnerando su fe y conciencia religiosa— sino que aun es una peligrosa causa de esa revolución social por la que con todas sus fuerzas luchan los que niegan y odian a Dios.

15.   Pídase autorización a los poderes públicos para celebrar Misa. Entre tanto, para que podamos aliviar y según nuestras facultades, poner remedio a estas calamitosas circunstancias, valiéndonos de todos los medios que aún se hallen a mano, es necesario que —conservando en todas partes en cuanto sea posible la celebración del culto divino— no se extinga en el pueblo la luz de la fe y el fuego de la caridad cristiana. Porque,

aunque, como dijimos, se trate de impíos decretos que, puesto que se oponen a los santísimos derechos de Dios y de la Iglesia, ha de reprobarlos por tanto la ley divina, sin embargo, no hay duda de que es vano el miedo del que piense que va a colaborar con las autoridades en una acción injusta, si, sufriendo sus vejámenes, les pide autorización para ejercer el sagrado ministerio. Esta errónea opinión y modo de obrar, como de ellas se seguirá en todas partes la suspensión del culto religioso, acarrearía gran perjuicio a toda la grey de fieles cristianos.

16. Es bueno observar que la aprobación de una ley tan inicua, o de forma espontánea darle verdadera cooperación, es sin duda ilícito y sacrílego, lo cual, sin embargo, difiere grandemente de aquel modo de proceder con el que uno se somete contra su voluntad y agrado a estas órdenes indignas, es más, aún se comporta de modo que según sus fuerzas, lucha por disminuir en tal efecto de esos decretos. De hecho, el sacerdote se ve obligado a pedir ese permiso, sin la cual sería imposible para él ejercer su sagrado ministerio por el bien de las almas, sino que es una imposición a la que se ve obligado a remitir a fin de evitar un mal mayor. Esto no constituye la cooperación formal, sino solo material.

17. Y aparte de esto, cualquier apariencia de "cooperar", como se dice, "formalmente", y de aprobar la ley, se disipa ante las solemnes y enérgicas reclamaciones hechas no sólo por la Sede Apostólica, sino aun por los

Obispos y el pueblo de México. A ellos se suman las precauciones del mismo sacerdote, que, aunque ya nombrado para el ministerio sagrado por su propio Obispo, está obligado a solicitar al Gobierno la posibilidad de celebrar el servicio divino, y, lejos de la aprobación de la ley que injustamente impone como una solicitud, se somete a ella materialmente, como suele decirse, y sólo a fin de eliminar un obstáculo para el ejercicio del ministerio sagrado: un obstáculo que daría lugar, como hemos dicho, a un cese total de la adoración, y por lo tanto a la daño muy grande a innumerables almas. De la misma manera que los fieles y los ministros sagrados de la Iglesia primitiva, como la historia se refiere, pidió permiso, por medio de regalos e incluso, para visitar y consolar a los mártires detenido en la prisión y para administrar los sacramentos a ellos, pero seguramente nadie podría haber pensado que lo que están haciendo, de alguna manera aprobados o justifica la conducta de los perseguidores.

18.   Doctrina segura. Esta es la doctrina completamente cierta y segura de la Iglesia Católica, la cual si, al aplicarla en la práctica, indujere a algunos a cierto equivocado escándalo, tendréis la obligación, Venerables Hermanos, de explicarles cuidadosa y ampliamente la solución que hemos propuesto. Y si alguien, aun después de que fuese explicada por vosotros Nuestra intención, perseverare pertinazmente aún en esa falsa opinión, sepa, pues, que no evitará el reproche de desobediencia y obstinación.

19.   Valentía y caridad.   Procedan, pues, todos bien animados con este freno de la obediencia y unanimidad de opiniones, lo que Nos más de una vez con íntima satisfacción del alma hemos alabado en el clero; y, depuestas las dudas y vacilaciones que surgieron inquietantemente desde el comienzo de la persecución, desarrollen los sacerdotes su más eficaz labor apostólica propia, después de pesar su decisión de sufrir valientemente cualquier cosa, sobre todo con los jóvenes y las clases populares. Igualmente esfuércense en infundir sentimientos de equidad, concordia y caridad a los que atacan a la Iglesia porque no la conocen suficientemente.

20.   Recomendación de la Acción Católica. Y aquí no podemos dejar de recomendar, de nuevo nuestros hijos amados mexicanos , lo que, como sabéis, es un punto que tenemos en gran medida en el fondo, a saber: la necesidad de instituir y promover a un grado cada vez mayor la Acción Católica, conforme a aquellas normas que dimos por conducto de nuestro Delegado Apostólico. Esta es, sin duda, una tarea difícil en sus primeras etapas, y especialmente en las actuales circunstancias - un compromiso lento a veces en la producción de los efectos deseados, pero es necesario y mucho más eficaz que cualquier otro medio, como está abundantemente probado por la experiencia de cada nación que ha sido probado en el crisol de la persecución religiosa.

21. Unión a la Jerarquía y la Iglesia. Además, a nuestros amados hijos mexicanos Recomendamos de todo corazón la más estrecha unión con la Iglesia y la Jerarquía, fuentes de la gracia divina y de la virtud cristiana; que aprendan diligentemente la doctrina de la Religión; imploren del Padre de la misericordia, paz y prosperidad para su desgraciada patria, y consideren como un honor y un deber personal cooperar con el apostolado de los sacerdotes en las filas de la Acción Católica.

22. Elogio al heroísmo demostrado. Con amplísimas alabanzas honramos, pues, a los miembros del clero secular y regular, que movidos de un encendido amor a la Religión y obedientes a esta Sede Apostólica, realizaron actos dignísimos de ser recordados, que han escrito páginas gloriosas en la historia reciente de la Iglesia en México. Al mismo tiempo, les exhortamos encarecidamente en el Señor para que no desistan de dedicarse a defender con todas sus fuerzas los sacrosantos derechos de la Iglesia, con aquella paciencia que han tenido en los sufrimientos y trabajos de la que hasta ahora han dado nobilísimos ejemplos.

23. Expresión de simpatía a los obispos que sufren. Pero no podemos terminar esta Carta Encíclica sin que dirijamos Nuestros pensamientos de un modo especial a vosotros, Venerables Hermanos, fieles intérpretes de Nuestros pensamientos. Queremos decirles que nos

sentimos aún más estrechamente unidos con vosotros y lo experimentamos, cuanto más duras calamidades sufrís en el ejercicio del ministerio apostólico; y tenemos por cierto, que puesto que sabéis que estáis unidos espiritualmente al Vicario de Jesucristo, sacáis de ello consuelo y ánimo, para que con mayor alegría perseveréis en la tan ardua y santísima labor con la que llevéis a la grey que se os ha confiado al puerto de la eterna salvación.

Bendición Apostólica. Mas para que os acompañe siempre el auxilio de la divina gracia y os aliente la divina misericordia, con pródigo amor paterno os damos, Venerables Hermanos y queridos Hijos, la Bendición Apostólica, prenda de dones celestiales.

Fechado en Roma, en San Pedro, el día 29 del mes de Septiembre, Dedicación del Arcángel San Miguel, del año 1932, decimoprimero de Nuestro Pontificado.

PAPA PÍO XI

Misa clandestina en México durante la Cristiada

Obispos Mexicanos

BIBLIOGRAPHY

Bailey, David C. *Viva Cristo Rey! The Cristero Rebellion and the Church-State Conflict in Mexico*. University of Texas Press. Austin, Texas. 1974.

Dragon, Antonio, S.J.,. *Vida Intima del Padre Pro*. *Obra Nacional de la Buena Prensa*. Mexico City. 2005

Facius, Antonio Ruiz. *México Cristero*. Asociación Pro-Cultura Occidental, A.C. Guadalajara, Jalisco – Mexico. 1960

Hanley, O.F.M., Boniface. *No Strangers to Violence, No Strangers to Love*. Ave Maria Press. Notre Dame, Indiana. 1983

Norman, Mrs. George. *God's Jester: The Story of Fr. Michael Pro, S.J.* Benzinger Brothers, Inc. New York. 1930

Parsons, S.J., Fr. Wilfrid. *Mexian Martyrdom* – Tan Books and Publishers, Inc. Rockford, Illinois. 1987

Tuck, Jim. *The Holy War in Los Altos*, Tucson, Arizona. University of Arizona. 1982

Meyer, Jean. *La Cristiada* (3 Volumes), Siglo Veintiuno Editores Mexico City. 1974

www.vatican.va

Disfrute la impactante historia real de los Cristeros - ¡EN VIVO!

Invite al experto Rubén Quezada a su grupo o parroquia, autor de Cristiada: La Guerra Cristera y la Lucha de México por la Libertad Religiosa (*For Greater Glory: The Cristero War and Mexico's Struggle for Religious Freedom*).

Como un orador respetado, Rubén Quezada ha exhibido durante muchos años su presentación inspiradora e informativa al público internacional de todas las edades, tanto en Inglés como Español.

Para invitar a Rubén Quezada a sus eventos llame al **1-800-526-2151** o visite:

www.saintjoe.com/testimonials.asp

Rubén Quezada es Director de Operaciones para el Centro Católico de Recursos (Catholic Resource Center) en el sur de California.
www.catholicrc.org

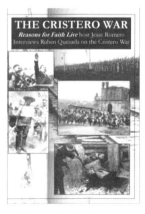

Descarga GRATIS el MP3 (én ingles) con Rúben Quezada y Jesse Romero

Jesse Romero, reconocido apologista y presentador de Radio EWTN en **Reasons for Faith LIVE** (Razones para vivir la Fe – EN VIVO), se une a Rubén Quezada en dos entrevistas de una hora de duración sobre la historia de la Cristiada.

Esta miniserie sobre la Guerra Cristera representa una excelente introducción de este episodio crucial en la batalla en curso de la Iglesia por la libertad religiosa. Es Gratis para usted cuando visite:

http://www.saintjoe.com/religiousfreedom.asp.